寶傑，你怎麼說

讓人一聽就入戲的關鍵說話術

劉寶傑 文

有書有筆有肝膽，亦狂亦俠亦溫文

謝哲青

從二〇〇七仲夏開始，我與寶傑哥在時事評論節目「關鍵時刻」結下合作美好的緣。在此之前，我只知道「劉寶傑」曾經是資深政治線新聞記者，也對他在談話節目的身影有些許模糊記憶，對於「節目主持人」的寶傑哥，我與觀眾朋友一樣陌生。

第一次見面，是在錄影前的簡短會議，在溫文的黑框眼鏡後，隱隱閃耀著犀利目光；隱藏在儒雅西裝束中，是桀驁不馴的叛逆反骨。但寶傑哥從容不迫的舉止，堅定誠懇的談話語氣，馬上讓我想到《論語．子張第十九》中「望之也嚴，即之也溫，聽其言也厲」彬彬文質的君子風範。

在開錄前，寶傑哥總是先挪出空檔，以主持人的身分，用心傾聽每個來賓所帶來的新聞與故事。再微不足道的枝微末節，再冗長平淡的生活瑣事，寶傑哥都鉅細靡遺地與我們討論新聞時事的因果本末，釐清資料訊息的來源與正確性，同時也與來賓建立信任與互動。

在鏡頭前，寶傑哥一改私底下博覽群書的溫文面貌，轉身化成犀利敏銳的新聞工作者，爲庶民發聲請願的公共知識份子。在面對橫決詭譎的國際風雲，他以「超限戰」的格局說明衝突發生的可能與必要；分享攀登珠穆朗瑪峰，與橫越南極與撒哈拉時，寶傑哥以詹姆·柯林斯（Jim Collins）的決策模型，爲觀眾剖析遠征隊成功與失敗的必然性。

當然，在處理大型強子對撞機（LHC）、希格斯玻色子（Higgs boson）、火星探勘與好奇號、塑化劑與食品安全等科技和生活新聞時，節目會邀請國內外著名的天文物理、航太專業或是生化領域的學者專家參與討論。如果來賓在陳述專業時，使用了太多詰屈聱牙的冷僻詞彙，或是晦澀難懂的理論知識，寶傑哥在錄影現場，會重新以簡白流暢的語言，讓普羅大衆更容易理解。不賣弄、不虛矯，只爲了更眞實，更清楚地表達故事與新聞觀點。

二〇一一年暮春，我也從客座轉戰主持，在工作上，寶傑哥仍然是我請益的第一人，身處於資訊焦慮的雲端時代，他告訴我：每個人都有要舞台展演自己，即使節目製作單位都有設計錄影流程，在開錄之前，一定要與製作單位研究內容。同時也要以自己的觀點，認眞地傾聽批評與回饋，最重要的是以生動、誠懇的方式告訴大家：你的故事是什麼？

說故事的能力，不只是被孩子吵著要聽床邊故事的父母親該學會的，舉凡企編、業務、廣告、文案，任何想把話說好的人，任何想藉著說話成功的人，都該擁有這樣一套技術！不管是誰，都能從寶傑哥的生命經驗，體會瞭解架構故事的技術、講故事的藝術、轉化故事能量。故事，對寶傑哥來說不只是說話術的一部份，更是改變世界的魔術！

即使外人以看熱鬧的有色眼光看待「劉寶傑」，但對我而言，劉寶傑這個人不僅會說，能說，更以他新聞專業快意江湖、堅守社會公義與道德底線。「有書有筆有肝膽，亦狂亦俠亦溫文」，這是我對寶傑大哥（是的，他也是我的老大哥）的看法，這也是全台灣的朋友，應該要認識的劉寶傑。

你準備好認識劉寶傑了嗎？

主持人、旅行作家、文史學者

準備好的人，永遠有機會

傅鶴齡

第一次認識寶傑，我對他初識時的印象是：白面書生，西裝領帶，聽別人講話時玉樹臨風，很容易把大家要表達的話串成一個系統，馬上就能抓住他人想表達的內容。寶傑常說：「在段落開頭，要馬上切入重點！我們得先到主題用白話講出來，把大家吸引住，再慢慢解釋。」

寶傑上節目，從週一到週五幾乎是風雨無阻，只有因爲家中有喪才缺席，但沒多久就來上班，服裝儀容整潔依舊，辯才無礙。寶傑就是這樣一個敬業樂群的人，套用一句他學長王偉忠對他的評語：「是個很謙和的人」。

在節目上，碰到他不懂的內容，寶傑總是簡單問幾個問題就全盤了解。他也有個極堅強的團隊，有時找的資料之齊備，連我這個在學術界打滾的人都驚訝不已。團隊在圖文表達上，由早期的紙板、電視牆，到iPad平板電腦，又進步到觸控電視，畫面的傳遞流暢且無所不在，物景清晰。他完全了解說故事和溝通的重要性，畫面該傳遞的，早已透過科技向前跳躍了一大步。我想連馬英九的媒體團隊恐怕還要來取經才是。

令我印象深刻的還有兩件事。一是寶傑吸收知識時有如海綿，過水無痕。第二就是寶傑永遠抓住機會不停努力，因此連請假、休息的機會都極少。一如他自己說的：小的機會就是整合大機會的基石。

我想他很符合一句話：「當機會來臨時，成功往往落在已準備的人身上。」不管他人嬉笑怒罵，隨時在等待關鍵時刻的機會，隨時準備首戰即決戰的關鍵人物。這樣的人寫他的歷程，我覺得大家都應該看看。

美國密西根大學航空工程碩士、美國科羅拉多大學航太工程博士
現任教於中國文化大學機電研究所（專任），國立交通大學機研所（兼任）

西屏，你怎麼看？

馬西屏

參與「關鍵時刻」是生命中一個奇緣，人生在這裡轉了一個大彎。「關鍵時刻」發展大致上分爲四個階段，第一階段是上天下地無所不談時刻，主要來賓有周健老師、劉燦榮社長、謝哲青老弟等。後來扁案爆發，加上馬英九選總統，來賓換成楊憲宏兄、姚立明老師、黃光芹小姐。然後政治熱退燒，又回到原來風格，並擴充爲兩小時，以劉燦榮社長、哲青老弟、澔平兄等爲主。現在是混搭風，時事與超現實合併，創夏與敬平是基本班底。

我很榮幸是唯一四個階段都參與的來賓，因此與寶傑建立了深厚的友誼與極佳的默契。

舉一例而言，南部七所大學破天荒聯合舉辦畢業晚會，晚會的壓軸是邀請各領域的名人說些祝福的話，例如曾國城、曾雅妮、蕭敬騰等。結果事前完全沒有通知，有一天錄完「關鍵時刻」，這群大學生扛著攝影機走進棚來說明來意，我與寶傑交換一個眼神，心領神會，就錄了起來，可能是效果非常好，我們的錄影放在影片的壓軸，而且受到最多的歡呼。大家可以上網看看，你們絕不會相信我們兩人事前完全沒有溝通、沒有稿子、沒有準備，等於是即席考試，但是播出來的效果天衣無縫，看起來像是排練了很久，這種默契在台灣談話節目不會有第二組。

寶傑的說話成功背後有幾個關鍵：

第一是掌握事件或故事的能力非常強。他的邏輯思考完整、重點分析精準、背後的幽微看得極爲透澈，這與他擔任記者工作的訓練有莫大的關係。

第二是他好讀書，所以腹笥豐富。寶傑常引經據典，摘引一些歷史小故事佐證，增加了節目的深度。

第三是他口條清晰。寶傑說話刪除枝蔓，直指核心，所以不必費神，就聽得了然。

第四是他的聲調、速度、手勢，站姿都有一種權威與迷人的個人魅力，這種魅力來自於自信。

最重要的是寶傑極富正義感，遇到不公不義之事，忍不住攘臂而起，他在節目中有時很激動，那都不是節目效果，而是眞性情，因爲在私下溝通內容時，你可以明顯感受到他的憤怒。

寶傑要出書了，回想「關鍵時刻」六年多來的屐痕，突然想到張愛玲的感謂：「在時間無涯的荒野裡，沒有早一步，也沒有晚一步，剛巧趕上了，這就是緣分。」參與「關鍵時刻」，得識寶傑，都是緣分。

第二章　我的關鍵說話術：入戲的重要，入戲的技術

序

一個好故事，勝過一萬句推銷

二〇〇〇年六月初，醫生診斷出我的胸椎第七節長了一個腫瘤，約莫三公分、一個指節的大小，卻嚴重壓迫到神經，導致我的右腳從原本的麻木到後期肌肉萎縮無力，連二〇公分的高度都舉不起來，如果不馬上開刀，下半身隨時有癱瘓的可能。之後經過十個小時的手術，腫瘤順利切除，但受損的神經不能復元，我的右腳無法恢復往日的靈活與力量。

出院時醫生特別警告我，不要跑步，因爲脊椎在開刀時拆掉三節，無法負荷跑步帶來的連續衝擊。於是數年的時間，我不能跑步，連小跑步都不行，甚至到了馬路中央看到小綠人快跑起來，警告我紅燈即將亮起時，我都無力慢跑過去。

本來就不喜歡跑步的我，覺得單純跑跑跑，乏味又無聊，只要能走就夠了。一開始不覺得損失，但不能跑之後，許多運動都不能做，開刀的後遺症一直困擾著我，身體不僅感到乏力，肌肉萎縮的狀況又持續惡化，如果不能改善，只能看著身體一天天壞下去。

「不行了。」我心想，再不改變，我的駝背只會越來越明顯，跛腳的狀況也越來越嚴重。「我要動起來，不然無法勝任平日的工作！」這時朋友借我一本書：《爲人生健身——十二週取得身心優勢》，打開書頁，一個個肌肉下垂無力的普通人，經過三個月的訓練，竟然都把身體練得精實健美。每個案例都有訓練前後照片的對比，六十歲的波特．弗利曼老先生，形容自己的身體原本是「一攤爛泥、荒廢、鬆軟、肥胖」，卻能脫胎換骨，搖身一變成了擁有結實漂亮肌肉的硬漢。三十三歲的護士丹妮兒．卡丁頓經過三個月訓練，掉了二十一磅的肥肉，整個人充滿年輕活力。

如果這些人都能透過訓練得到大的改變，爲什麼我不可以？我也開始了我的重量訓練之旅，消除了鮪魚肚，身子變直了，雙腳也變得有力，本來連跑一百公尺都費力的我，居然也可以緩緩的跑了起來。

從來不愛跑步的我，聽到一個故事：住在墨西哥邊境「塔拉烏瑪拉」族人，一直過著遺世獨立的日子，好幾個世紀以來，他們就在崎嶇的山中奔跑，可以不用休息就跑個上百公里且面不改色，輕鬆就能跑贏山裡的野生動物，更不用說奧運的馬拉松選手。也因爲擅長跑步，族人身體非常好，性格平靜，從不生病，現代各種的流行傳染病都不曾出現在他們身上。

原來，人類的氧氣使用效率極佳。大部分動物都有「一步一呼吸」的限制，只有人類例外，人的演化就是適應長跑，多數動物在長時間跑步之後都會力竭而亡，像豹連續奔跑超過二分鐘就會死亡，只有人類不會因跑步無法散熱導致喪命。

任何人只要有辦法一口氣跑上九·七公里，就能成爲動物界的致命殺手。書中特別介紹非洲僅存的原始部落布希曼族如何狩獵：四人先鎖定一頭羊，每當牠想衝入羊群時就阻擋去路，想休息時就把牠趕出樹叢，四人分頭進行、輪流衝刺，直到條紋羚羊像喝醉般搖搖晃晃，彎下前膝，伸直，跳了幾步，最終倒在地上，力竭身亡。羚羊的身上沒有傷痕，沒有血跡，拖回營地的一路上更不用擔心被禿鷹或是野狗攻擊或分食。把獵物累死，有時比使用武器更安全，更有效率。

透過這些眞實的故事，我看著我的腳，我的胸，我直立的頸部，原來我長成這個樣子是爲了能夠長時間跑步，原來我跟猿猴很大的不同點之一，在於我有阿基里斯腱，頸部是直立的。我能長跑，猿猴不行。人類的老祖宗智人能在地球勝出，打敗比智人更強壯、更聰明，而且也有社會組織的尼安德塔人，也是靠著跑步。

既然我的身體是爲跑步而生，跑步可以帶給我健康與平和的情緒，爲何我要放棄跑步？

這樣簡單的跑步故事激勵了我。我透過重量訓練，強化我萎縮的腿部肌肉，開始閱讀跑步相關書籍，並開始在跑步機上慢跑。一開始以每小時七公里跑步，慢慢調到八公里、八·五公里、九公里、十公里，後來膝蓋無法承受，又回到八·五公里，但時間可以拉長，從二十分鐘、三十分鐘到四十分鐘。本來不能跑的我，開始突破三公里、四公里，最長的紀錄是七公里。對很多人來說，七公里很短，但對一個開過胸椎腫瘤手術、右腳萎縮舉步維艱的人來說，這已是上天極大的恩寵，特別是在山林之中可以放開腳步即興的奔跑，讓我更加慶幸自己還能夠跑步。

這樣的改變不是別人勸告我該運動了，而是透過那些故事，那些跑者的故事，讓我想要變成改變後的樣子：健康、平和、單純。我接受了這些故事，帶給自己改變的力量。

最近身邊很多女性朋友下載韓國鄭多蓮的影片在家練習，還有人買她的教學影帶。爲什麼？因爲鄭多蓮本身就是一個最成功的故事，看過她之前的模樣，再看到她現在健美的身材，你自然就會相信她的方法是正確可行的。這樣的案例放在你的面前，比一千句，一萬句的推銷更有力量。

所以**如果你要推銷一個概念、一個產品，與其說破嘴介紹，不如找一個故事。說好這個故事，就會產生相信的力量。相信之後，人們心中的那扇門才會打開**，才會接受你想要表達的概念與想法，否則再多的形容詞，再多的說明，再誠懇的態度都沒有助益。

第一章

我的說話之路

作為一個主持人，我承認我缺乏魅力，天份不高，起步太晚，甚至還有人說：「劉寶傑當名嘴就是不怎麼吸引人。」不過，這種評論從沒有打倒過我。我相信天道酬勤，即便我曾在說話的學習之路上跌跌撞撞，但我仍走到了這裡。

先選故事，再想故事怎麼說

我從最不被看好的起點出發，雖然被同業譏笑為外星人節目，但我不灰心，一頭栽進這未知的領域。把一個一個故事當成一個一個的線索，串成一個動人的探索之旅。我的節目一直沒有扮演意見領袖的野心，沒有包袱，更不覺得要擁有影響力，把事情說清楚，把故事說好，剩下就讓觀眾去評判。

「新聞萬象，內幕追擊，歡迎收看『關鍵時刻』！」一樣的片頭、一樣的主持人、各有擅場的來賓，「關鍵時刻」的收視並非一開始就引人注意，我們在東森電視最低迷的處境下開播，一路跌跌撞撞才找到自己的出路。

二〇〇七年四月一日愚人節，「關鍵時刻」播出了第一集。在這個嘲諷意味十足的日子，我們踏出第一步，前面路途一片黑暗。那時東森新聞的形象跌到谷底，收視率降到往常的三分之一，別說是爭取信任、抓住言論的主導權，就連維持生存都是備感艱辛的挑戰。

因為二〇〇七年一月，力霸集團的創辦人王又曾爆發財務危機，不但不面對，反而以養病為由潛逃大陸。這個動作引發極大的憤怒，王又曾在台灣的形象原本就充滿爭議，最後竟然債留台灣，要政府花納稅人的錢埋單。各媒體連篇累牘的報導、批評，身為王又曾四子的東森新聞總裁王令麟，即便一再強調他與王又曾的財務已經切割清楚，但政府與輿論完全無法接受。王又曾的六子二女除三子王令甫之外，其餘五子二女全遭收押起訴。

這個事件重創東森的公信力與媒體形象，原本的談話主持人一一離去，我就在蜀中無大將的狀況下，臨危受命。但公司並沒有信心，給了晚間十一點這個最邊陲的時段，「就讓你去試試吧！」在這樣最壞的時機，最壞的時段，我們踏上征途。

二〇〇七年，還是國內政論節目百家齊鳴、百花齊放的年代，不論收視與影響力都達到顛峰狀況，但「關鍵時刻」很明顯無法切入政論市場。一來是當時市場藍綠江山已定，根本切不進去；再者，當時不管是我個人或東森新聞的形象和條件，根本不足以撐起言論市場的招牌。

山不轉路轉，我們努力找活路。

就像美國管理學大師吉姆．柯林斯在他的鉅著《從A到A+》這本書中所述，他剛展開研究計畫時，以爲優秀公司邁向卓越公司的第一步，一定是爲公司設定新方向、新願景與新策略，然後要所有同仁爲新志向奮鬥奉獻。但**事實上恰好相反，眞正成功的企業領導人並非先確定巴士該往那裡開，然後要員工開過去，而是先找到對的人開，最後才弄清楚**

車子要往哪裡開。逆轉情勢的我們就是如此。節目有最好的製作人，但未來要怎麼走，沒有人知道，只得摸著石頭過河。

很幸運的，正因東森的節目一一收起來，公司裡最好的製作人王偉芳、吳愷昕、彭武祥與林佳勳，全都聚在「關鍵時刻」。我們不知未來的路在哪，爲了生存只好放膽嘗試，什麼路都走，什麼活都做。我們在節目裡拿過鱷魚和蛇當道具，射過箭、舞過刀，我們談歷史典故，甚至外星人、古文明都無所不包，然後再從收視率找到利基點。就這樣，「關鍵時刻」變成一個包山包海，「從黃帝講到陰地，從外太空講到內子宮」，無所不包的綜合性談話節目。

也正因爲我們是從最不被看好的處境出發，「關鍵時刻」一直沒有扮演意見領袖的野心。我們沒有包袱，更不覺得要擁有影響力，把事情說清楚，把故事說好，剩下就讓觀衆去評判。因此談台裔ＮＢＡ球星林書豪的現象時，我們認眞談林書豪爲何能在美國生存？他做了哪些努力？他的長處是什麼？至於「台灣為何培養不出林書豪？」「台灣的體壇何去何從？」等話題，則不在我們考慮之內。

我們也不在乎同業的譏笑，專門做一些非主流的怪題目。連我自己也透過節目進行一場又一場未知的探索，開了很多的眼界，顛覆我過去很多的想法與知識。在二〇〇七年七月四日，製作單位開會時提出要做羅斯威爾事件。

「羅斯威爾，這是什麼？」

「UFO事件，飛碟墜毀在新墨西哥州。」

「UFO?!」

「是的，今天是羅斯威爾事件六十周年。」

「這種東西有人看嗎？」

「美國媒體的報導很多很大喔！」

就這樣，我們開始了第一個外星人的故事。先著手搜尋到當時的報紙，的確有不明飛行體的報導，當地人信誓旦旦的說，他們看到四個非人類的小矮人，而當時曾否認有ＵＦＯ的軍官，在過世後卻留下遺書，說明自己是被軍方要求，所以才會否認一切。

沒想到這個題目受到很大的迴響……事情好玩起來了！再挖下去，原來地球上在一萬二千年前有留下許多文明的遺跡。是誰留下的？當時爲何有那些技術？這些人去哪裡了？更別說金字塔至今有許多未解之謎：誰畫了那斯卡線？馬利共和國的原始部落爲何在沒有天文儀器的輔助下，可以知道天狼星有一顆伴星？以及爲何在西元一五一三年航海技術不發達的時代，甚至南極冰封的狀況下，就能手繪出南極冰層下的地圖？抽絲剝繭，我們一頭栽進這未知的領域。

蘇格拉底說：「我唯一知道的事情，就是我不知道。」同樣的，對這一切，我唯一知道的事，就是我不知道，我想做的就是把一個一個故事當成線索，串成一個動人的探索之旅。如果說這些年來「關鍵時刻」

有什麼不一樣的地方，就是我們是「先選故事，再想怎麼說故事」，我們不敢說我們沒有立場，但立場是最後的呈現，不是我們一開始的選擇，也因爲如此，我們才能夠得到觀眾的信任。

UFo
...
UFO

說話術，下工夫就學得會

曾有人這麼形容我：「過去他當名嘴，表現很普通，雖慢條斯理、娓娓道來，所談內容也算夠深入，但就是不怎麼吸引人，也沒什麼人氣和知名度。」是的，我曾經如此，從來沒有人覺得我可以靠一張嘴吃飯。

大學一年級參加全國新聞科系組成的九校聯誼，各校要推派一位新生代表，舉行即席演講比賽，那時二年級的學姊看到我就說：「劉寶傑，你準備一下，等下派你上台去比賽！」聽時有如五雷轟頂，我一再推辭，學姊卻說：「不管，就是你了。」那時大家都不熟悉，誰會演講，誰不會，沒人知道。

應卯上陣的結果，只有「慘」字可以形容，我抽到的題目是「我得到金鐘獎」。缺乏想像力的我，在台上只有「不知所云」四個字可以形容，而且不斷出現令人停止呼吸的靜默，三分鐘像是三小時那麼長。下台時，我只看到一雙雙同情的眼光，彷彿我剛剛經歷了一場可怕的屠殺，師長則是無奈的苦笑搖頭。如果那時有個地洞，我會毫不考慮的躲進去。直到今天我都還記得當時的場景，那天的懊惱難堪，至今都是我揮之不去的惡夢。

一九九四年，是台灣第一次的省市長民選，我任職的中時晚報與眞相電視台合作，在開票前夕，要錄製一段二分半鐘的選情分析。那時由我上陣，但我一看到攝影機就傻住了：擺在我面前、深不見底的鏡頭，就像是個黑洞，把我的思緒全部吸光，看著鏡頭，我的腦袋立即「唰」地一片空白。短短二分半鐘的談話，我錄了四十五分鐘。

這個慘痛的教訓，讓我從沒想過要在電視台混飯吃。當有線電視成立新聞台，大量挖角報紙記者前往充實採訪陣容時，沒人想到我，我也沒有考慮跳槽。筆，是我唯一可以相信、可以賴以為生的工具。

直到二〇〇〇年總統大選，陳水扁在一片驚呼聲中當選，完全扭轉了台灣的政治版圖。接下來，無論是陳水扁的性格或是國內藍綠兩派政治勢力的利益衝突，都給了政論市場充沛的養分。當時長期負責陳水扁新聞的我，開始有機會進出電視擔任名嘴，不是我的口才變好了，而是當時太需要能夠解析民進黨訊息的政治記者。

還記得有一次參加鄭弘儀與于美人主持的「新聞e點靈」，講著講著我竟然忘了要說什麼，幸好當時是錄影，可以NG重來。錄製其他節目時，我的眼睛依然不敢看著鏡頭，鏡頭對我來說，一樣是黑洞，只要看到鏡頭，我什麼都記不起來，結果就像別人說的：「表現很普通，雖慢條斯理、娓娓道來，所談內容也算夠深入，但就是不怎麼吸引人，也沒什麼人氣和知名度。」

看到這裡，你或許會想問，既然不喜歡也不擅長說話，爲何後來要參加電視談話節目，甚至還從平面跳槽到電視？答案很世俗：錢。

報社的待遇雖然不壞，但如果要公司加薪，難如登天。公司加個三千五千，就要爲公司賣命，以報公司的知遇之恩。但我在外面參加一小時節目，就是三千元，一個星期一天，一個月下來就是一萬兩千元，在公司怎麼加薪也不可能有如此待遇。更何況當時市場不同，如果有機會上電視，一個月增加的收入幾乎都在三萬元以上，等於是多了一份薪水，這個收入對我來說是「回不去了」，我願意爲這樣的待遇努力、學習、改變。

當然，報社不容許自己的記者在外面兼差上節目，而且這也造成報社內部相對的剝奪感，雖然我自認對得起公司給我的薪水，不論在寫稿的質與量上，都是水準之上，但仍舊無法控制公司內的蜚短流長。有一天，公司突然召回政治組記者，「徹底」檢討了記者上節目的狀況，聽著一個比自己晚十多年出道，而且還提供過協助的菜鳥記者，一句一句對著我提出批判：「記者採訪的資料都應該屬於公司，如果私自出去表達，就是出賣！」面對這樣的羞辱，我想我該走了。

進到中時晚報之後，沒有想過離開這件事，我喜歡那個地方，那是我學習成長的地方。從一個對新聞懵懂無知的新鮮人起，我在新聞工作這條路上最快樂的時光，就是在中晚服務的那段歲月，每次跟朋友聊開，都覺得那是我們最快樂的「童年」。離開中晚之後，我深深覺得沒有地方是我不可以離開的。

唐湘龍在一篇文章中提到：「在我工作初期（任職中時晚報）的那段歲月，我覺得這個工作棒透了。這工作讓你公然『侵門踏戶』，隨時進出歷史現場……我覺得每天都在學習。我對工作投入到根本不想休假。年休？放棄。週休？能免就免。不必加班費。我熱愛工作。」

何止湘龍，我們那一代的新聞工作者碰到了戒嚴，碰到報禁開放，碰到國會全面改選，碰到省市長民選，碰到了總統直選，碰到了台灣政治風雲變幻莫測又驚心動魄的歲月，在那樣的歲月裡，時報的老板余紀忠先生給了我們最大的自由、最強的後盾，我們拚命的工作。現在看來，我也得到最好的回報。

大機會是不斷的小機會累積出來的

我缺乏魅力，天份不高，起步太晚，幾乎沒有人看好我。因此只要有機會，我就試。

當記者的收入雖然不高，一個月八、九萬元，算是比上不足，比下有餘，而且報社的工作已經從事十六年，駕輕就熟，混到退休應該不成問題。但在我四十二歲那年，我還是決定歸零，跳槽到電視台。原因是我再待報社，人生就只能這樣了，不管是收入或是前景都被框住，不是進到報社當一個小主管，就是待線上當個老油條。

提出辭呈後，報社行禮如儀的慰留一番，一位主管與我晤談時，嘆了口氣說：「我的待遇沒有比你好多少。」我算算，如果有一天回到報社看稿當主管，中午進來，過了午夜十二點才能離開，待遇卻只能跟我當時差不多，我爲何還要留在報社？轉到電視台我可能會有很大的壓力，可能會陣亡，但至少我有一個機會，就算失敗了，再回過頭找一份記者的工作，最壞不過如此吧。

進到電視台才知，即使自己有談話節目來賓的經驗，但一切都要從頭學起。電視與報紙雖然都是新聞，但中間有許多失之毫釐，差之千里的區別。簡單說，報社的記者只要會動筆寫出文章就好，但電視台要的是聲音，聲音不對，就失去在鏡頭前表現的資格。我雖然參加過許多談話節目，但沒有抑揚頓挫，就連配音的資格都沒有。電視台還有很多的工程技術要配合。影像的輸出除了前台的採訪中心把新聞寫好錄好之外，還要有工程技術的合作，所以必備了解相關知識，才能有完美的表現。

面對新的環境，有些害怕，但沒有退路，只能一往直前。

在各電視台之中選擇落腳東森，是因爲東森提供我一個機會。主持電視節目是不可能，但東森集團當時有廣播，願意給我一個時段練身手。許多電視節目主持人如于美人、鄭弘儀、周玉蔻等，都是先經過廣播的歷練，才在電視上有好的表現。我需要的是歷練與學習，雖然早已年過四十，但我當自己是學徒，一集雖只有五百元，沒有問題，我要的是機會，一個證明自己值得磨練的機會。

新新聞雜誌有一篇側寫我的文章〈神鬼一哥〉中提到：「劉寶傑並非一開始就是東森一哥，從離開報紙到轉戰電視，他也曾經坐過冷板凳，看人臉色。」「勉強進了東森以後，劉寶傑沒有高薪，沒有固定工作。」「勉爲其難讓他在東森廣播晚間七點開了一個小時的節目，卻不到兩個星期就把他換掉了。」

這篇文章有很多描述失眞的地方，所以我刪去裡面的人名，但我坐過冷板凳是眞的，一開始苦無機會是眞的，主持廣播很快被換掉是眞的，但不是短短二星期被換掉，而是撐了一季。即使我的閱聽率在台內排名在前面，但公司說換就換。連不要求主持費，爭取一個廣播主持人的機會，我都無法如願。

我該怎麼辦？看著很多同業把名嘴當職業，收入與表現機會似乎都比當時的我要好。看不到機會的我，再待下去有前途嗎？應該要離開東森自己出去上節目嗎？後來我選擇忍住，繼續留在東森，要我出去採訪我就出去，要我去負責縣市長選舉的辯論，我就去找縣市長候選人談合作，要我負責一些沒人負責的雜務，我就去做。原因很簡單：我爲何要離開報紙？爲何要離開一個經營了十六年再也熟悉不過的環境？就是我要賭一個大的。如果只是要安穩，我待在報社就可以，如果出去當名嘴，就跟在報社一樣，我的未來就是那樣了。除非完全放棄，否則我只有忍只有等。

我相信天道酬勤，你的認眞付出一開始不一定會馬上看到成果，但一定會往好的方向發展。我認眞的投入公司的工作，讓公司的長官願意相信我，願意給我機會，於是開始有一些特別節目的主持機會，儘管是有一搭沒一搭的，但至少在考慮主持人的時候，我會在名單之列。我也相信，自己十六年記者生涯累積的資歷，會成爲公司考慮內部人員主持時的一個很好的利基。二〇〇五年縣市長大選後，出現新的一波政治熱，公司考慮在下午開臨時的政論訪談節目，找我上陣。那時節目是今天主持結束，也不知明天還有沒有，這個星期錄完之後，不知道下個星期還有沒有。一直到一個月後，公司才說，取個名字吧，我才用自己名字中的「傑」取了「攔截新聞」，開始有了一個小小的地盤。

電視台的談話節目與美國大聯盟有很多相似的地方，下午的談話時段就像是小聯盟，即使你在小聯盟表現再好，一上了大聯盟還是很可能被打爆，再被擠回來。下午主持有好的表現，只能代表你有一個進晚間主戰場的門票，但不保證你可以在大聯盟會有好的發展。我自己就在下午、晚上、東森新聞、東森財經台，來來回回好幾次，像是浪人主持人一般，八點、九點、十點、十一點的時段我都主持過，一直浮浮沉沉，直到主持「關鍵時刻」，才站穩了自己在晚間時段的位子。

很多人問我：「寶傑哥，怎樣準備才能當好一個主持人？」我的回答都是：「沒有準備好的那一天。」我喜歡以棒球爲例，除了極少數的天才球員之外，一般人不可能直接踏進大聯盟的殿堂，大家都是要到小聯盟歷練，被球團看到表現之後，才能從一A、二A、三A，再到大聯盟試身手，但從小聯盟到大聯盟，存活的又是少數中的少數。

因此所有的好手都是邊打邊練，有機會就上陣，有表現才有下一次再上場的機會。大機會是透過不斷的小機會所累積的，再微不足道的機會都可能是你上升的踏板。與其想要一步到位，準備好當一個主要時段的主持人，不如設法爭取各式各樣表現的機會，以戰養戰，才能逐步往上爬升。

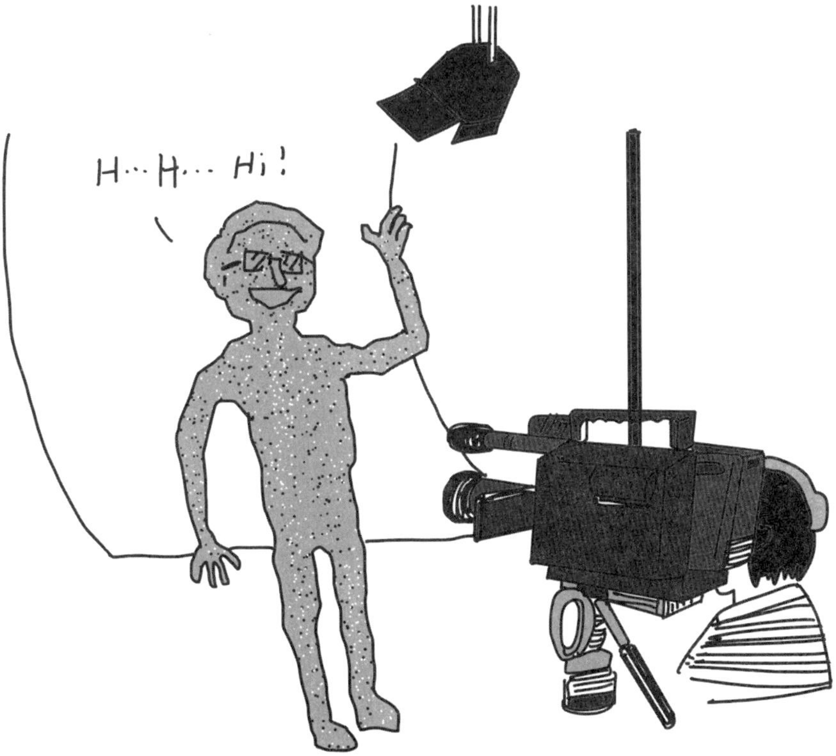
H… H… Hi!

做足準備，是轉變的必修課

看人挑擔不吃力，自己挑擔壓斷肩！很多事不自己試試，無法了解箇中滋味。檢討時間的掌控和資料的準備，能讓你的演說和表演越來越有架勢！

我第一個屬於自己的廣播節目叫「新聞保證班」，聽過第一次錄音的人都是用安慰的語氣告訴我：「沒有關係，才剛開始，會越來越好的。」但還是有人忍不住問說：「你在節目裡有嘆氣嗎？」你可以了解我的處女秀有多慘了吧！

一直以爲廣播很簡單，就是一直說說說就好，每一個人不都是這樣嗎？而且自己也參加過多次的廣播訪問，沒什麼大不了。但等到自己親自上陣，才突然發現時間怎麼過得這麼慢？覺得自己已經口乾舌燥了，怎麼才剛過五分鐘，剩下的時間要怎麼撐過？講著講著忍不住小小的嘆了口氣，沒有想到這口氣，變成日後朋友的笑柄。

很多事不自己試試，無法了解箇中滋味。有了第一天慘痛的教訓，第二天我加倍的準備資料，一個小時的節目，準備了三個主題，而且都有訪談，每位來賓約十五分鐘的時間，自己最多五分鐘的個人表演。因爲我自言自語最多五分鐘，超過五分鐘，連我自己聽起來都覺得乏味，何況別人。

有了廣播的經驗，我才開始學會去抓時間，去感覺剩下十分鐘自己要準備多少東西，剩下一分鐘的感覺是什麼，剩下三十秒，自己要怎樣準備收尾，訪談時怎麼控制來賓的時間，怎麼切斷來賓談話又不顯失禮，這些事沒有人可以教你，只能靠自己感覺，雖然主持廣播只有短短三個月，但這三個月我很認真，每天都提早半小時以上到廣播室門口準備，在去之前早就準備好節目的資料。

經過了三個月，從一開始講話會嘆氣的菜鳥主持人，到後來可以在誤差不到一秒的時間內精確收尾，我學會怎樣去感覺時間，這是報紙的工作學不到也無從體會的經驗。

廣播是跌跌撞撞的開始，電視的主持也好不到那裡去。之前我曾提過，電視鏡頭對我而言就像是一個無底黑洞，只要看著鏡頭，腦中的思緒就會一點一滴的被吸走，最後一片空白。雖然有了一些電視工作的經驗，但開始主持時，如果一直盯著鏡頭，我還是會不知所措，無法言語，因此只好在開場不得不面對鏡頭時，拚命把詞背好，趕快唸完之後，盡快進入訪談，這樣就不用擔心被鏡頭黑洞吸光思緒，講不出話來。

但電視機前的觀眾是很敏感的，主持約半年之後，有一天等公車碰到鄰居，彼此寒暄後，鄰居很客氣的說：「劉先生你主持得越來越好，現在比較自然了，不像前一段時間好害羞，不敢看鏡頭。」聽到這段話，我雖知道是好意的實話，但還是令人哭笑不得。在大眾面前，你無可逃避，任何的動作表情，甚至心裡的狀態，都會赤裸裸的呈現出來。

我喜歡鄭板橋的一首詩：「咬定青山不放鬆，立根原在破岩中，千磨萬擊還堅勁，任爾東西南北風。」我知道面對電視工作，我缺乏魅力，天份不高，起步太晚，幾乎沒有人看好我，因此只要有機會我就試，我沒有任何挑三揀四的本錢。二〇〇五年年底開始主持「攔截新聞」時，下午各電視台並沒有固定的帶狀政論節目，公司給我的時段是下午四點。這是中午之後收視最差的時段，而且只有四十分鐘，比一般的時段少了廿分鐘。

這個劣勢卻給了我大好的機會，冷門時段不容易有好成績，但相對門檻也低，只要收視不要太難看，對公司的收視數字影響不大，就有機會說服公司支持這個節目。而且我當時的成本很低，一般談話節目的製作群編制是四人，我的製作群只有一人，而且是非專職，我自己領的也不是節目主持人的薪水，所以在本小利薄的狀況下，一路撐過來。

雖然「攔截新聞」一開始的製作人只有一人，而且還有自己的業務要做，但我很幸運碰到了強手。製作人陳麗娟是我文化大學新聞系的學妹，不但有製作娛樂新聞的經驗，還曾留學美國，是個認眞負責的快手，即使只有一人，該有的資料，該有的手板，該敲的來賓，都會準備齊全，而且會給我最佳的節目建議。也因爲人力少，所以我也必須投入製作的工作之中，參與節目的企畫，一直到現在我都維持著這個習慣，全力投入節目的籌備。

在下午開闢一個新戰場不是件容易的事，節目的收視起起伏伏，有時低到令人難堪。在當時上司的要求之下，節目錄完要找五個問題放在他的桌上，於是節目一結束，就找導播、製作人、主編一起看著剛才錄製的畫面、鏡頭的安排、節目的鋪陳、來賓的表達、道具的準備，一一找出不妥之處。很感謝當時的導播、主編，不怕麻煩的陪我「找碴」，也因爲這樣，收視穩定上升，變成了下午的招牌節目，甚至各台開始仿製，在下午時段推出政論節目。

回首過往，沒有「攔截新聞」，就沒有今天的我，在那個慘澹經營的歲月裡，一個電視的門外漢，被逼著了解什麼是運鏡、什麼是節奏、什麼是電視新聞可以吸引人的元素。有了下午的戰績，才有進入晚上戰場的許可證，也因爲有了那段全力投入製作的經驗，讓我對電視多了解一點，也多了一點存活的機會。

有好的起步固然幸運，但有一個跌跌撞撞、起起伏伏卻又能維持下去的起步，讓我可以活到現在。

當你多修正一點，受歡迎的程度就多一點

很多人以為講話是天生的，但事實上我看了很多擅長說故事者的傳記，大部分人之所以會說話，是拚了命的訓練自己。他們努力吸收素材，揣摩別人說話的方式，改善自己說話的毛病，包括聲調、速度、手勢，甚至是站姿。

現在翻出早年主持節目的影片，連自己看了都會很不好意思，如果我是主管，肯定不滿意。就像很多網友批評的，我的反應不夠好，老是重覆來賓的談話，雖然我的用意是承上啟下，也讓偶爾轉進來收看的觀眾了解我們在談什麼。但當你的語言不夠豐富、精鍊，不能畫龍點睛的

收尾時，觀衆只是會覺得是吵雜的重覆。這也是我最被詬病的部分。

知道了自己的毛病，必須努力改善。所以當來賓在講話時，我的腦子就要一直轉，等下要接什麼。一隻耳朵要隨時接聽來自副控室導播與製作人的指示，一隻耳朵要聽來賓的談話，心裡還得盤算節奏對不對？等下要接什麼話？還要不斷提醒自己不能再重覆來賓的話語，以及要用什麼典故與成語來轉場。當然，光靠臨場反應是不夠的，事前就要準備好素材，才能在節目中游刃有餘。

「關鍵時刻」與一般節目的製作上有個很大的區別。別的節目來賓只要在開錄前到達就好，就定位後，導播喊五、四、三、二、一，主持人接著開場，節目就這樣進行。但「關鍵時刻」在開錄前必須先與來賓順稿，每個來賓要講什麼、重點是什麼、來賓與來賓之間如何銜接，甚至情緒如何表達，都要在開錄前的會議先行討論。外界對此有些批評，但我們堅持這是做好一個談話節目的基本動作。錯的馬上改正，但對的一定堅持，我們比別人付出更多努力和準備，不放任節目天馬行空不知所云的胡扯。

當我們在進行開錄前會議時，會有其他節目的素人來賓經過，他們的反應多半都是驚訝。沒有想到在電視上流暢且快節奏的談話背後，是經過事先仔細且繁複的討論，也因爲這些討論，我可以對節目的進行更了然於心，也可以在準備會議時，就把等下的轉場事先設想過。如此一來既可避免屆時辭窮或重覆別人的話語，也能盡量準備好，把最好的成果呈現出來。

美國前總統尼克森在他的著作中提到一個故事。他首次見到英國前首相邱吉爾的兒子倫道夫時就告訴他，他父親精采的即席講演，留給人們十分深刻的印象。倫道夫笑了笑說：「演講不錯也是應該的，他花了一生中最美好的歲月來寫作並且背熟它們。」很多人認爲說話是講天份，但事實上我熟讀許多擅長說故事者的傳記，發現他們之所以會說話，是極盡努力的在說話這件事上。不管是吸收素材，揣摩別人說話的方式，或是改善自己說話的毛病，包括聲調、速度、手勢，站姿，當你多吸收一點，你受歡迎的程度就多一點。

美國極爲著名的喜劇演員克里斯．洛克，在兩萬名觀衆前，完成了一場極爲成功的跨年表演。當時有篇報導描述他準備的過程：「由於他長年穩坐喜劇泰斗的位子，我們很容易認爲，他是天生的喜劇演員，輕鬆就能讓觀衆哄堂，笑聲不絕於耳。從第一聲哈哈哈，接著笑聲一波接著一波響起，一路蔓延到票價最低廉的座位區。不過，對於如此精采的『笑』果，洛克先生應該是最不訝異的人，因爲每天每天他一點一滴的拼綴起他在紐澤西、紐約、佛羅里達和拉斯維加等各地的表演，他再三挑出令歡衆捧腹的笑料，剔除失敗的片段，一分鐘一分鐘地串起長達二小時的節目型態。」

可見**想學會說話最重要的是練習與修正，抓住觀衆的反應，才能創**

造一波波高峰。

很多人批評我在主持時動作很誇張，但這和我剛開始主持時截然不同。那時別說手勢，我連做個表情都覺得不自在。「關鍵時刻」的第一個製作人王偉芳，先前製作過「青蓉 K 新聞」，她的風格游走在新聞與綜藝之間，所以節目進行中需要很多的手板、道具，甚至連動物都會帶到棚內。當時的我連開場和串連來賓的談話都費盡力氣，那些道具與手板對我來說，時常是力有未逮。

製作單位往往準備了十項的道具，但我能發揮的不到一半，不是圖板的資料沒有唸好，就是道具不能好好利用，比如說箱子、食物、刀槍等，總是無法好好運用，平白浪費了製作單位的用心。

當時我最佩服的就是李艷秋，直到現在我依然認爲她是全台灣口齒最清晰、最能把製作單位的手板資料唸得清清楚楚的主持人。密密麻麻的資料，她就是能有條不紊、節奏明快的一一唸出。換成是我，唸到一半觀衆就想要轉台了。我學不了她的功力，只好轉個彎，要求製作單位化繁爲簡，手板的資料力求精簡，盡量在五十字以內。然後我每天一點一滴的跟手板做朋友，不再只是自說自話，更要學會看圖說故事，配合圖表、照片，表達我要陳述的內容。

至於手上的道具，一時半刻無法做到運用自如，我就強迫自己一定要拿到手上，雖不能有十分的表現，至少要越來越熟悉，習慣手上拿著東西比手劃腳。等到有一天，我可以拿著一隻雞高拋在空中，拿著盤子甩破在地上，道具就變成我表演的一部分。

美國管理學者吉姆·柯林斯曾提出「飛輪理論」：當你在推動巨輪時，初期一定備感艱辛，費了很大的力氣都只有一點進展，但只要方向一致，不斷朝同方向施力，輪子會越跑越快。最後輕輕一推就能迅速轉動，但前提是方向一致且毫不間斷的努力。

不瘋魔不成活

如果不瘋不魔，不可能殺出血路，脫穎而出，但瘋魔過了頭，過了不可逆轉點，最後變成過河卒子，只能進不能退，反而困死自己。要怎樣在其中進退，就看你的修練。

我喜歡陳凱歌導演的霸王別姬，劇裡有句對程蝶衣的評價，一直縈繞在我心中：「你可眞是不瘋魔不成活。戲唱得瘋魔，不假，可要是活著也瘋魔，在這人世上，在這凡人堆裡，咱們可怎麼活呀。」何止是演戲，任何的工作若不瘋不魔，怎麼能脫穎而出？怎麼能出類拔萃？賈伯斯工作起來不瘋魔嗎？比爾蓋茲做起生意來不瘋魔嗎？要能瘋能魔之後，還要能走出來，不然就是被困住了，困住後又是另一個悲劇。

霸王別姬有一幕，程蝶衣犯了菸癮，恰巧段小樓來看望。劇本裡的設計是，張國榮要用一根拂塵的尾巴打爛一整面牆的鏡框。玻璃打碎是不能復元的，所以如果不能一次拍好，得全部重來，等於是一個不能NG的橋段。當天一到現場，陳凱歌看到張國榮臉色鐵青，張豐毅咬牙切齒，嗯，兩個人已經入戲了。果然，一開機張國榮就抓狂，拿著棍子亂打，玻璃碎片四散，看得劇組每一個人都驚心動魄，當導演喊停，張國榮已哭成了淚人兒，久久不能自己。陳凱歌回憶說：「人戲不分，不僅有程蝶衣，但張國榮也做到頭了。」

許多好演員，如希斯萊傑演《黑暗騎士》裡的那個小丑，也是入戲極深，才能創造一個站在顛峰上的角色。我們當然不必像張國榮或像希斯萊傑如此顛狂，把自己逼入絕境，動彈不得，但**如果一丁點都不敢瘋不敢魔，不敢毫無保留的釋放情緒，你的話、你的故事怎麼會有戲？怎**

麼會有味？怎麼會有情感？

很多人批評我很愛演，我不否認，但這不是「演」一個字那麼簡單，重點在「入戲」。「談新聞也要入戲？」「是的，要入戲，如果不入戲，『關鍵時刻』就不是『關鍵時刻』了。」

如果不入戲，我無法打動電視機前的觀衆，如果不入戲，我甚至抓不住新聞事件的重點。比如英國商人林克穎酒醉駕車撞死送報生黃俊德，如果我只是照本宣科唸出事情的經過，那就像是一般的主播報新聞，不會有情緒起伏。但如果我多去想一點，設身處地的想那天晚上黃俊德遭遇的狀況！被拖行多久？氣溫如何？路面狀況如何？之後再講出來，情緒就截然不同。也因爲這樣想，所以我們特地去找了當天的氣溫、當天的下雨狀況，更完整的呈現出現場狀況。

只有我們入戲嗎？不，談話節目都入戲，不入戲就沒有任何吸引力。我認爲汪笨湖入戲最深，也最有張力。他主持的「台灣心聲」，在極盛時期收視率動輒破百分之三，代表他的節目比戲劇節目的收視更好！有一次我住在彰化田中的舅媽看到我，很開心的說：「你去笨湖仔那裡喔？」我覺得很有趣，由於語言年紀，我跟舅媽平常說不上幾句話，但那一次她卻無比開心的問候我，口氣好像與汪笨湖是多麼熟識的朋友，並因為我去上汪的節目，連帶對我的親切感更深了。這就是汪笨湖的魅力，他主持時會激動、會流淚、會哽咽得說不出話來，好像台灣的命運在此一舉，他演繹出堅強的使命感，連電視機前的觀眾也跟著入戲了。

這樣入戲的風格毀譽參半，有人喜歡但也有人極度厭惡。我誠心認錯，但死不悔改。我知道自己在做什麼，我的心中有一把尺。當然，我也做過一些蠢事，至今提起都會覺得不好意思，像是棒球經典賽中華隊對上日本隊，我們準備了壽桃當做是桃太郎，節目開始後，我用雙手捏破壽桃，代表打敗桃太郎，第二天在網路上被罵到臭頭，什麼難聽話都有，之後我便多注意，不再隨便做一些無關痛癢的小把戲。

但如果我反省覺得沒錯，即使外界批評壓力極大，我也不會改變。像Makiyo及友寄隆輝毆打計程車司機一事，我們找來空手道教練示範怎樣的出拳，怎樣的力道才會造成顱內出血、肋骨斷裂。結果我們被NCC罰款六十萬元，這件事我至今仍不覺得我有錯，再來一次我還是會這樣做。那是一個很重要的示範，透過這樣的還原，才能理解友寄隆輝的出手有多麼兇惡。

各方對「關鍵時刻」與我個人有諸多批評，我常會搜尋批評，了解別人怎麼看待。這個動作讓我隨時保持清醒。看到了批評，我會檢討「是這樣嗎？」「能改嗎？」「應該改嗎？」這是我們的失誤？還是我們為達目標，必須要付出的代價？「關鍵時刻」一路走來，原本就備受爭議，我們不怕爭議，怕得是瘋魔過了頭而不自知，怕得是走進了死胡同，最後自己卡死自己。

如果不瘋不魔，不可能殺出血路，引人注意，但瘋魔過了頭，過了不可逆轉點，最後變成過河卒子，只能進不能退，反而自己困死自己。除了汪笨湖之外，我認爲鄭弘儀是最具魅力的主持人。他得天獨厚，國台語雙聲帶，可以用國語說理，可以用台語煽情，他聲調極具草根性，邏輯條理分明，可以亦莊亦諧，掌握了台灣最主流的民意。

但當他開始對陳水扁產生感情，當他毫無保留護衛民進黨的政權，當他的政黨色彩越來越深，他就變成了有進無退的過河卒子，他的身上糾結著太多理不清的情感與矛盾，他過去的優勢，也就變成今日的致命傷。不只鄭弘儀，幾乎所有政論主持人都難脫「將軍百戰身名裂，向河梁，回頭萬里，故人長絕。」的命運。如果有一天我走到了死胡同，那就是酒店要打烊，準備走人的時刻。

第二章

我的關鍵說話術：入戲的重要，入戲的技術

要說話說得讓人回味再三，最重要的就是「引人入戲」的技術。一張照片、一個道具、一個俚語，一個意想不到的段落，能創造驚奇，更能拉聽者跌入你創造的世界裡。那麼你的說話，就能遠遠甩開他人，製造出強烈的差異！

講故事前，先將故事了然於心

說故事的當下是表演，是驗收。故事說的成功與否，關鍵在於說故事前的充分準備。

李安因執導《少年Pi的奇幻漂流》，拿下奧斯卡最佳導演獎。我們訪問多位與李安共事的工作人員，大家一致認爲李安用功極深，他不但熟讀小說的內容，連書中牽涉到的洋流、潮汐、日照、海浪型態，甚至動物的樣貌，都做了極深刻的研究。李安這個說故事的人，因爲對所有的細節了然於心，才能夠將電影推向顚峰。

「水池的方向不是要磁北，而是要正北，這樣太陽才能從正上方照下來。」一聽到李安這樣的要求，大家都傻住了，正北與磁北有差那麼多嗎？當負責造浪的巴比倫公司大手筆買了十二部眞空造浪機，可以調出七段強弱速度，在長七十五公尺、寬三十公尺的超大造浪池裡興風作浪，心想可以交差時，李安卻說：「這不是我要的浪。」然後，轉頭就走。

李安注意到太陽的光影對影片的影響，只看一眼就知道浪不是他要的，代表他心中很清楚光要怎麼反射，浪應該是什麼樣子。爲了說好這個故事，他學會潛水，拿了潛水執照，他花了一年多時間研究故事發生地點、太平洋的洋流、水文；花了一年半的時間，用動畫畫出來，劇本修改了將近四百次，爲了電影流暢，將許多原著情節拍了又刪。

如果一個人可以把劇本改四百次，可以把戲中需要的知識一一深入研究，還有誰能把這個故事說得比他好？因此，說故事的人一定要了解自己所說的故事，越是熟悉，越能自在的旁徵博引，越能流暢自如的推演故事，說故事時才能從容自信，才能適度且自然而然的流露情感。說故事的當下是表演，是驗收。故事成功與否，關鍵在於說故事前的充分準備。

一般人當然無法像李安這樣的國際大導演，可以花數年的時間只研究一個題材，然後拍出一部可以傲視全球拿下無數大獎的電影，但事前準備的態度是一定要的。

因爲工作的關係，我必須聽很多人說故事，好不好一聽就知道，重點往往不在於口才，而是事前的準備。有些人不了解故事的內容，只憑口才胡亂吹牛，就會像跳針的唱盤，一直原地打轉，不知所云。有些人口才不好，講起話來結結巴巴，但拿出的資料信而有徵，我還是會忍不住聽下去。

很多人喜歡聽傅鶴齡老師說太空，說外星人，說科技。而且很多人跟我一樣，不一定聽得懂，但就是覺得有趣，覺得好像學到了什麼。傅老師是科羅拉多大學航太科技博士，受過正統的科學訓練，曾經擔任台灣最重要的科研機構中科院的所長。「據說」，他是台灣自製ＩＤＦ「經國號」戰機的關鍵人物，但在一場因緣巧合的聚會中，他認識了研究不明飛行物藍皮書計畫的主持人，也就是提出第三類接觸概念的艾倫・海尼克博士（J. Allen Hynek），自此踏上了喜好神秘學之路。

海尼克博士建議他去看看羅斯威爾小鎮，那裡有許多有趣的東西。他不但跑去，還去請益了當地經歷過不明飛行物墜落的當事人，就連美國最神秘的五十一區，他也前往附近感受那裡的神秘氣氛。他翻譯過多本有關幽浮的著作，連搭飛機碰到美國前總統卡特，都興致勃勃的問他是否眞的見過不明飛行物，不但有合照爲證，還不知從哪弄來卡特作證看過不明飛行物的資料。

因爲科學研究的背景，他喜歡也擅長收集資料，他是台灣第一個拿ipad在電視上說故事的人，不管是UFO或是航空器，他都可以找到一堆精采的畫面佐證。說眞的，傅老師說的東西我不一定聽得懂，但他隨手就能抖包袱，丟出有意思的東西，聽起來就新鮮，覺得長了知識。

我喜歡聽黃創夏講科普。過去大家對他的印象是政治評論者，好發議論，對時局有自己的見解，但我個人認爲，黃創夏最強的其實是科學。他高中念的是師大附中的數理實驗班，那是台北明星學生中的菁英，國家重點栽培的科學種子，在高中時就由大學教授指導學習，大學念的是清大動力機械工程系，碩士是台大機械研究所。許多複雜的科普知識，從他口中一轉化就變成容易理解的常識，比如深達一萬一千公尺的馬里亞納海溝裡的水壓究竟有多重？他簡單算了一下說：「那就像一台四噸重的卡車，壓在你的大拇指上。」他談話時多顯得急躁，但一談起科學常識，卻能不疾不徐、恰到好處的表達。有一點值得一提，他在他那一年的大學聯考拿下數學最高分，但他的英文太差，只得十六分，所以「只能」上清大。

很多人愛開馬西屏玩笑，說他是馬蓋先，什麼話題都能談，卻忽略西屏曾是中央日報的副總編輯，長久以來必須隨時面對處理各種不同議題的新聞。他也是許多重要人物點名的傳記寫手，長期的新聞訓練再加上透過寫書機會與影響台灣政經發展的重要人物深談，讓他可以在最短時間消化各種資訊，再透過老編輯的生花妙筆，將複雜的資訊整理成容易消化的故事。

劉燦榮不是學歷史的人，卻因爲喜歡歷史，在退休後開一家專門出版歷史故事的出版社——知本家。在上節目之前，他每天最重要的工作就是讀史，所以講起歷史與古文明如數家珍。黃敬平雖然是我文化新聞系的學弟，但他念過海軍官校，長期跑軍事新聞，談起軍事，自然有軍人的氣味。

很多人問我如何說好一個故事，也有很多人覺得，只要會動一張嘴就可以說故事，但我的體會是，要說好故事，是要先蹲好馬步，先要在某個領域有自己獨到的見解，才能再觸類旁通。我們曾想培訓很多新人，但如果人生的歷練不夠，用功不夠，說起來就是少了一點氣味，也就是那一點氣味，讓故事無法打入人心。

李安在拍《少年Pi的奇幻飄流》的時候，
花了一年多的時間研究故事發生的地點，
劇本修改了將近四百次。
還有誰能把這個故事說得比他好？
說故事的人一定要了解自己的故事，
越是熟悉，越能流暢自如的推演故事。

說故事，像演一齣戲，要會說學逗唱

「關鍵時刻」的本質是說故事，所以我們一定要安排說故事的人。馬西屏、黃創夏與黃敬平都有長期新聞訓練，有能力把一則新聞、一則故事，條理分明，甚至充滿興味的道來，但只是把條理說完是不夠的。

前時報周刊總編輯吳國棟曾經擔任我「攔截新聞」的固定來賓，同時也在鄭弘儀的「大話新聞」做固定班底。有一天他饒富興味的告訴我，到南部演講時，南部一位歐吉桑很認眞的告訴他：「叫弘儀嘜擱找揮文，他是白面奸臣，弘儀是好人忠臣」。吳國棟問了一句：「那我呢？」那個老阿伯說：「你半忠奸啦！」

這一句玩笑話，給了我一記醍醐灌頂：原來觀眾即使看政論節目，也以看戲的心情觀賞；原來觀眾會自己定位每一位來賓的角色與戲路；原來看歌仔戲與看政論節目有異曲同工之處，每一個來賓都有角色需扮演，都要有戲味。

從這一段對話，也可以反思，陳揮文被迫離開「大話新聞」的團隊，固然令綠營支持者大快人心，但卻也是「大話新聞」走向一言堂的開始。少了一個逆耳惱人的角色，「大話新聞」便少了戲劇中應有的衝突與對立。一齣好的戲劇往往需要一個令人咬牙切齒的反派，才能突顯正義一方的艱苦卓絕；有一個令人痛恨的惡魔，才能團結自認是正義的一方；有個一直找麻煩挑語病的討厭鬼，可以讓節目的言論更精緻，更謹慎小心，不致越走越偏。後來「大話新聞」雖然試圖找代表藍營的聲音，創造衝突與對立情緒，但沒有一人能比陳揮文更好。陳揮文走了之後，「大話新聞」仍維持很長期的榮景，卻少了許多戲味。

「大話新聞」無心插柳定位來賓角色的概念，也是我開始主持「關鍵時刻」時師法的對象。因此在邀請來賓時，我會思考來賓的功能與角色，甚至在與來賓一搭一唱時，也會研究彼此的角色定位是什麼，當角色定位出來，節目也就會出現高低起伏的節奏。

「關鍵時刻」的本質是說故事，所以我們一定要安排說故事的人。馬西屏、黃創夏與黃敬平都是基本說故事的班底，他們都接受過長期的新聞訓練，有能力把一則新聞、一則故事，條理分明，甚至充滿興味的道來。但只有說故事的人是不夠的，新聞要解釋，新聞要延伸，就要有相關的專家來補強。傅鶴齡、陳耀寬與劉燦榮等人就要幫忙補充延伸，甚至加強權威感。中醫講君臣相輔，這個道理在各方面都說得通。

很多人喜歡我跟馬西屏在開場時的雙口相聲的效果，這一方面是默契，也是刻意形成的。相聲的基本要素是說學逗唱，馬西屏在說學唱上無一不精，（嗯，不對，唱的部分還差滿多的），有次獨自演繹便當文：

一個標榜自己有正義感的董小姐在台菲漁業衝突最緊張的時刻，上傳文章說自己在便當店前看到一個可憐的菲勞，因爲老闆不肯賣便當給菲律賓人，這個可憐的菲勞在便當店前等了一小時都買不到便當，直到這個位董小姐發揮正義精神，買了兩個便當才解了菲勞的便當之危。這個便當文在台灣還不只董小姐寫下，最後還發展出三個類似版本。

西屏一人分飾六角：董小姐、菲勞、便當店老闆、記者、總編輯與潘牧師。網路上相關的報導堆積如山，連消化都要花一些工夫，但西屏卻能在短短七分鐘的表演中，把三種版本準確的表現出來，讓聽者立即明白來龍去脈。這段表演讓「關鍵時刻」的收視在同時段新聞頻道的占比高達百分之五十。各方佳評如潮，覺得太精采了。

碰到這麼高明的講者，我只有一件事要做，就是「逗」，代表觀衆發出讚嘆的聲音。我就像是一個效果器，在西屏的段落與段落之中，或讚賞，或質疑，或是透過問號，強化他的節奏，就像是樂團裡的鑼與鈸，適時的「鏘」一聲，強化聽者的感受。要做到這一點，我必須先了解西屏的談話內容，隨著他的語調節奏，加入我的和弦。國中參加軍樂隊時，我吹的是巴里東，出去表演時，改吹最重的貝司，我一直不是吹主旋律的當家角色，當配角我很習慣也很自得。

不只是對西屏，每位來賓在發言時，都是那一段的主旋律。只是我「逗」的方式，面對不同的人有不同的做法。

比如面對傅鶴齡與陳耀寬等教授專家，他們的發言相對專業，一般人理解要花一些工夫，這時我遇到不懂馬上要問，我不只是自己問，更是幫觀衆問，甚至要試著用自己的語言轉換，態度上相對的也要謙恭。因爲這時我的角色類似學生，也像是專家與觀衆之間的轉譯者。

但碰到黃創夏與黃敬平，除了「逗」之外，我也會再加入「說」與「學」，有一點相互競爭的感覺。像是打乒乓球，把球打快，把球的力道打強，特別是需要情緒張力時，當黃創夏與黃敬平充滿憤怒批評時，我偶爾要用更強的情緒，逼出講者更多的情感，像是台菲漁業衝突，像是Makiyo毆打司機，我有時會故意逼來賓，逼他們更有張力。

在澎湖服役時，我曾擔任了二個月眷村教學作文班的老師。那時每週都要批改小朋友的文章，每當看到文章內容乏善可陳，說好嘛，找不到令人眼睛一亮的爆點，說不好嘛，文章的語意與內容也沒有什麼大問題，這時我就會寫上「平順」二字。現在想來，一陣汗顏。原來小時候老師在我的作文上寫上平順，就是乏善可陳的另類用語，原來平順是一種不好不壞、可有可無的意思。

小燕姊曾經教過我，主持人就是幫觀眾喊出那一聲「啊」，是觀眾與節目的中間人，幫著觀眾理解和發洩情緒。所以我不是上知天文，下知地理，我像蘇格拉底：「我唯一知道的事就是我不知道。」我也喜歡邱吉爾的名言：「英國有獅子的雄心，我不過有幸爲它發出獅吼而已。」（*The nation had the lion's heart, I had the luck to give the roar.*）

不背故事，用自己的話說

事先多下工夫，把故事的情節咀嚼再三，再用自己的語言，自己理解的感情娓娓道來。如果準備不夠，照本宣科，任誰都不會有好的表現。

我媽媽是個裁縫師，家裡靠窗角落的縫紉機是她的生財工具，靠著幫附近時裝店代工，縫個扣子五元，車邊五十元，加加減減的貼補家用。每當媽媽縫製衣服時，腳邊就會放個小收音機，陪她度過單調且重覆的工作。有次從收音機裡傳出「吳樂天講古」的聲音時，我第一次被那個小收音機吸引，坐在旁邊，竟然一坐坐了半個多小時，動都沒有動。

直到今天，我還依稀記得吳樂天先生當時的聲音：「賣鹽順仔五尺高，狗頭老鼠耳，鼻子翹上天，擔一個鐵扁擔，百二斤，腳踏鐵木屐，輕功極好，腳一蹬，數丈高的高牆一越而過，他將頭上的斗笠往天空一丟，必須要等到隔天中午才落下來，吐一口水可穿透十八面牆。」聽吳樂天講古，腦子就會跟著吳樂天的聲音，出現不同的畫面，心情就能隨著吳樂天的語調起伏高低。聽到賣鹽順仔教訓地痞流氓，一隻手就讓小混混跪地求饒，竟也跟著拍手叫好。

台灣講古的人不少，吳樂天卻能脫穎而出，最盛時在台灣號稱有百萬聽眾。台灣的說書人，我認爲沒有一個比他更入戲的，他說了廿多年的廖添丁，講添丁，說添丁，添丁說不盡，最後把自己也內化爲廖添丁。他不是一個事不關己的說書人，而是把自己化身爲故事的主角在說故事情節。他不是在背故事，而是用情感在講故事，激昂時語調拔高，平緩時和平流暢，故事主角的喜怒哀樂都自然而然的從吳樂天的口中流洩而出。當他完全融入故事之後，故事就出現了生命。

當然吳樂天的例子有點極端，我們不可能像他一樣，一個故事講廿多年，甚至把自己內化爲故事的主角，但有一點値得也必須學習的是：把故事徹底消化，變成是自己的語言，用自己的方式，自己的邏輯說出來。如果沒有消化，沒有咀嚼，吐出來的話語就像是背書，如果是背書，講出口的就跟機器發音沒有什麼兩樣。

很多電視主播就有這樣的毛病，他們說出的話完全沒有消化，直接把稿子唸出來，但每個記者有自己習慣的用語，講述不同的專業時有不同的術語，甚至不同的事情，應該有不同的聲調與情感，但很多人的聲音出來，就像是電腦直接複誦。更可怕的是，許多的報導適合以文字呈現，卻不適合在電視上直接唸出來，如果照本宣科沒有消化，很難透過耳朵進到腦袋裡。

舉個例子，聯合晚報記者洪哲政在五月十九日登出一篇內幕報導，指海軍派出軍艦護漁之前，國防部與外交、國安單位有一場激烈的爭論，最後國防部勝出，艦隊才得以成行，他的導言這樣寫著：「七年前『滿春億號』遭菲公務船槍擊百餘槍造成一死一傷，懲兇、追償無疾而終；十天前廣大興遭菲漁政船濫槍掃射導致漁民洪石成死亡，我政府祭出史上最嚴厲制裁。實際上，日前國軍、海巡在北緯二十度線聯合護漁操演，決策前仍歷經軍方與外交系統爲主的國安體系相互拉扯，但民意在關鍵時刻否定了國安外交幫的溫和路線，促使馬總統下令派艦，讓主戰的軍方前往巴士海峽揚威亮槍。」

這段文字書寫時沒有什麼大問題，但如果不加修飾的依原文照唸，你可以試試看，前面幾句還沒有念完，可能就會覺得累了。但若你消化之後，改成「國防部派出軍艦南巡之前，已經先跟外交部與國安會打過一仗，外交部與國安會從頭到尾反對並壓制國防部派出軍艦，前往南海護漁的主張，直到民意沸騰，馬總統才同意讓主戰的軍方前往巴士海峽揚威亮槍。」是不是好一點？

以我自己的經驗，說話時，口中說出的文字一定要簡單、直接、有節奏感，也就是給自己呼吸換氣的空間。

很多人以為聲音要有抑揚頓挫就是刻意加重音，如果只是這樣，想一想連戰第一次出訪大陸，那些歡迎他的小朋友，高喊：「爺爺，您回來啦！您終於回來啦！」這些小朋友夠抑揚頓挫了吧，夠有加重音的效果了吧，但結果是，透過電視的播出，溫馨感情戲變成大爆笑的喜劇。問題還是在於這些話是否經過小朋友的咀嚼，你消化了解之後，去理解這訊息或是故事後的情感，才有可能在說故事時，得體的表達節奏的輕重緩急。

曾有人報導我特地去學了說話課，才會有現在說話的情緒與強烈的抑揚頓挫。我的確想去學說話，但找不到合適的地方上課，我一直為自己的聲音所苦，很多人覺得我的聲音太平淡，當然現在還是會有人批評我的聲音，但我自己的經驗是，我努力的理解我要說的故事，了解故事的情緒起伏，慢慢的我自覺我的聲音有了節奏，我的聲音有了高低起伏。

馬西屏一直被認為很會說故事，但很少人看到他背後的努力。五點半的錄影，他大概四點就會到公司，與製作人討論題目的重點，然後就看著西屏獨坐在沙發椅上，就著一盞燈，拿著紅筆仔細的在腳本上畫線。他的平板電腦裡有著各種不同的資訊，就等著他隨時加進來補充。

他會自己下標，自己整合，消化後把所有的資訊化為自己的語言，所以他講故事是用他自己的話來說，他因為完全理解消化故事的內容，他的語言有情緒，有張力，甚至有他獨到的喜感。

我所知道所有被認為會說故事的人，都是事先下了很多工夫，把故事的情節，內容咀嚼消化再三，再用自己的語言，自己理解的感情娓娓道來，如果準備不夠，照本宣科，任誰都不會有好的表現。

很多人以為聲音要有抑揚頓挫就是加重音，
但這樣並不夠。
你說的話必須經過咀嚼，
你得去消化故事後的情感，
才可能在說故事時，表達輕重緩急。

好的故事不能沒有好的畫面

從小說裡學習畫面的營造，最能鮮活化你的故事。說故事之初，必須學著去描繪事件背景，邀請聽話者踏入你設定的時空，然後你們就會開始一段完全不一樣的旅程。

常常有人問我怎樣才能說好一個故事，我的經驗是，如果你的故事能夠帶給別人想像的畫面，那就對了一半；反過來，如果你的故事沒有場景，沒有畫面，只有一堆的形容詞，那就是失敗的故事。

我喜歡看小說，透過小說可以天馬行空的想像故事的場景，小說家最擅長透過文字的描述，將冰冷的白紙黑字幻化成七彩華麗世界。我們常常聽到小說改編成電影之後，就會有人批評：「不對，女主角不該是長成這個樣子！」或是「太棒了，他把小說女主角的味道十足十的呈現出來！」可見得小說裡雖然沒有圖片、影像，但透過文字，讀者會在心中描繪書中人物的形象。

最早帶我進入小說想像世界的，是白先勇的《台北人》，他是這樣寫的：

當台北市的鬧區西門町一帶華燈四起的時分，夜巴黎舞廳的樓梯上便響起了一陣雜沓的高跟鞋聲，由金大班領隊，身後跟著十來個打扮得衣著入時的舞孃，綷綷約約的登上了舞廳的二樓來……

金大班穿了一件黑紗金絲相間的緊身旗袍，一個大道士髻梳得烏光水滑的高聳在頭頂上；耳墜、項鍊、手串、髮針，金碧輝煌的掛滿了一身，她臉上早已酒意盎然，連眼皮蓋都泛了紅。

這是白先勇短篇小說《金大班的最後一夜》的開場，短短幾句話，故事發生的場景躍然紙上。

緊接著是金大班與舞廳經理的對話：「你們鬧酒我還管得著嗎？夜巴黎的生意總還得做呀！」童經理猶自不停的埋怨著。

金大班聽見了這句話，且在舞廳門口煞住了腳，讓那群咭咭呱呱的舞孃魚貫而入走進了舞廳後，她才一隻手撐在門柱上，把她那隻鱷魚皮皮包往肩上一搭，一眼便睨住了童經理，臉上似笑非笑的開言道：

「童大經理，你這一籮筐話是頂眞說的呢，還是鬧著玩，若是鬧著玩的，便罷了。若是認起眞來，今天夜晚我倒要和你把這筆賬給算算……」

「我的薪水，你們只算到昨天。今天最後一夜，我來，是人情；不來，是本份。我說句你不愛聽的話：我金兆麗在上海百樂門下海的時候，只怕你童某人連舞廳門檻還沒跨過呢。舞場裡的規矩，哪裡就用得著你這位夜巴黎的大經理來教導了？」

金大班的潑辣，金大班的凶悍，在白先勇的筆下，透過場景的描述與鮮活的對話，整個人活了起來。看著書，腦子裡是金大班得理不饒人的悍與繁華落盡、寂寥冷情的悲。後來小說改編成電影，姚瑋飾演金大班，嗯，金大班應該就是這個模樣吧。

我很喜歡《哈利波特》裡的妙麗，她一出場，看著榮恩拿著魔杖施咒語無動靜，就嘰哩呱啦的講了一大串。

「你確定這是眞的咒語嗎？

「嗯，顯然不是很有用？對不對？我自己在家裡練習的時候，也試過幾個咒語，每次都很成功。我的家人全都不會魔法，所以我在接到信的時候，實在是嚇了一大跳，不過當然也是高興得要命，我的意思是說，我聽人家告訴我，那可是全世界最棒的巫術學校啊，我已經把我們所有的課本全都背下來了，這是當然的，我只希望這樣的準備可以勉強夠用，對了，我叫妙麗・格蘭傑，你們呢？」

摘錄自《哈利波特1：神祕的魔法石》（皇冠文化出版）

妙麗一口氣說完這些話，完全不給別人插話的機會。看了這段描述，我想像著一個小女孩講話時瞪大著眼睛，無視別人驚惶不安的眼神，自顧自的說完想說的話，一個盛氣凌人、有著跋扈嗓音及一頭濃密褐色頭髮的小女孩、彷彿就站在我的面前。別人可能覺得討厭，我卻覺得直率到可愛，也因此愛上這個小女孩，愛上了這本書。

也就是說，當故事主角的形象在你的腦中萌生，甚至是你對書中的人物有了情感，你才會踏入作者設定的時空，這時你才算是接受了作者的邀請，一同進入他的想像世界，然後欲罷不能的讀完整個故事。說話也是一樣。如果你在說話時沒有先邀請他人進入你的世界，別人的腦子裡無法想像，故事的情節就不會進入聽話者的腦中，這就算不得是一個好故事。

好，知道了要有畫面，可是怎樣才能創造出場景與畫面呢？我的建議是學著去描繪故事發生的時空，就像電影開拍一定要先搭好景，確定了時空背景：那些人、那些事、什麼時候、什麼地方、出現了什麼，有了基本的架構，才能一一的放入故事與情節，而且最好人與人之間是要有互動的。

竹聯幫前精神領袖陳啓禮有一個很著名的故事。他在獄中服刑時，外界一直很好奇他在獄中所受的待遇如何，一直到我的老前輩劉益宏寫了一段，獄卒看到陳啓禮進出，竟然行禮大叫：「霸子好！」一個短短的描述，把陳啓禮在獄中的狀況鮮活的描述了出來。

金庸《鹿鼎記》裡有一段描述韋小寶教人怎麼說謊，怎麼騙取別人相信，他說：「說謊不能全是假的，二分假要包八分眞，在那眞實的部分，要說得越細越好！」如果你可以把這些細節講得這麼清楚，聽的人多半就會相信了。我不是教你說謊，但這招的確很好用，有時你仔細的描述細節，很多的場景就會鋪陳出來，很多的畫面也才會出面。

比如在談武則天的墓，你不斷強調這個墓建構得有多麼堅固，如何難盜墓是沒有用的。如果我告訴你，武則天的乾陵，入口處全部用長一點二五米、寬零點四至零點六公尺的石條填塞，石塊一個二噸重，石條由南往北順坡層疊扣砌，共三十九層，平面裸露四百一十塊，三十九層約用石條八千塊。石條之間用燕尾形細腰鐵栓板拉固，上下之間鑿洞用鐵棍貫穿，以熔化的錫鐵汁灌注，與石條熔為一體。這樣的細節是否會讓你覺得造墓工程固若磐石呢？

下次看小說時，別忘記留意作者怎麼把那些畫面，甚至聲音帶至你面前。慢慢的，你就知道怎樣說故事了。

當你的腦中開始有了畫面，你才會踏入作者設定的時空，才算是接受了作者的邀請，一同進入他想像的世界。

有圖有真相

意外的是，即使是現在錄影設備十分發達的今天，美國的媒體依舊十分喜歡使用照片來呈現故事的張力與情感。因為照片的張力，可以帶我們到你想像不到的地方！

常常我們說得口沫橫飛、天花亂墜，都沒有一張照片來得傳神。

二〇一二年三月，美股受歐債風暴牽連大跌，MSNBC在報導這個事件時，用了一連串凸顯華爾街工作人員沮喪、無奈的照片，被攝者或癱在椅子上，或低著頭抓頭髮的畫面。主播Brian Williams只說了一句：「這就是美國今天的表情。」簡單乾淨的語言，卻把所有的情緒都帶了進來。再多的形容詞，都沒有那些交易員的表情來得清楚傳神。

由於工作的關係，我必須經常收看其他國家的電視新聞，藉以了解別人是怎麼操作、怎麼呈現、怎麼說故事的。令我非常意外的是，即使是在錄影設備十分發達的今天，美國的媒體依舊十分喜歡使用照片來呈現故事的張力與情感。

我很喜歡一則美國前第一夫人、前國務卿希拉蕊的專訪。希拉蕊在美國總統歐巴馬第一任的任期，稱職的扮演國務卿的角色，深得人心，很多媒體在她卸任前特別製作專題，肯定她的作爲。其中一則專訪的結尾，製作單位把希拉蕊從政之後的照片以幻燈片的方式一張張呈現。她剛成爲公衆人物時不善打扮，老愛戴著厚重的眼鏡，但整個人給人的感覺是精明的、強悍的；總統夫人時期的希拉蕊，給人的感覺總是咄咄逼人，這個時候的希拉蕊開始重視門面，髮型和衣著都跟過去截然不同，人也變得時尚漂亮，但美國人並不喜歡她；參議員時期的希拉蕊開始形塑她的政治專業形象，但有點乏善可陳；可是到了國務卿時期的希拉蕊，雖卸盡脂粉，總是亂髮示人，有點像隔鄰的大嬸，但卻備受推崇。

看著這些照片一幕幕在眼前更替，即使我不是美國人，還是會在腦中清晰跳出希拉蕊的印象，看著她不斷的蛻變。同樣是希拉蕊，在不同的時間有不同的風貌：年輕時的爭強好勝，得理不饒人；第一夫人時期的急於表現，不甘屈居幕後；一直到國務卿時期的成熟自信，雍容大度。一個人竟然可以有這麼大的變化，一個個故事也就在心裡浮現出來。

有一個關於希拉蕊很有名的笑話：她與柯林頓去加油站，加油工是希拉蕊的前男友，加完油後，柯林頓對希拉蕊說，幸好妳沒有嫁給他，否則你不會是第一夫人而是加油工的太太。希拉蕊聽完之後，冷冷回了一句：「我還會是第一夫人，但你會變成加油工。」這是早期的希拉蕊。在第一夫人任內，目空一切的希拉蕊面對外界批評她的律師工作，她只回了一句：「我想我應該留在家裡烤餅乾、喝茶，但我決定繼續我在丈夫投身公職前就已從事的專業工作。」結果引發軒然大波：「烤餅乾有什麼不好！」反對者認爲她嚴重貶抑家庭主婦。也因爲這一句話，希拉蕊在女性族群的支持率一直很低。同樣是質疑，在希拉蕊擔任國務卿時卻截然不同，面對別人質疑她在競選時大罵歐巴馬可恥，競選後卻堂堂與他共事時，她只簡單一句：「因爲我跟歐巴馬都是把國家放在第一位。」回答得適切得體，充滿智慧。

小說家史蒂芬．金曾說，好的故事要意在言外。描述太少，讀者無法理解，描述太多，讀者就失去想像空間，都不是好的描述。文字往往描寫不足，影片又描寫太多。我喜歡照片，就是覺得照片後面是故事的起點，他告訴了你一個場景、一個表情，後面有很多的故事等待你去聯想、去感受。看著希拉蕊不同時期的眼神與表情，就能讓我聯想起一個又一個有關她的人生故事。

基於這種對照片的偏好，製作「關鍵時刻」時，我喜歡大量的使用照片，往往都有很好的效果。比如在討論非洲的飢荒問題時，我們使用了一張名爲〈飢餓的蘇丹〉的照片，一名只剩皮包骨的小女孩，奄奄一息在貧瘠蒼涼的大地爬行，後面跟著一頭禿鷹，正等待小孩的死亡。一個小女孩的遭遇，具體而微的向全世界訴說著蘇丹歷經戰禍與饑荒的悲慘處境。

這張照片不管我看了多少次，心中都能爲之震動，甚至再痛一次。這張照片讓攝影者凱文．卡特獲得一九九四年的普立茲攝影獎，根據凱文．卡特的回憶，他在灌木林外聽到一聲微弱的哭泣，一名瘦骨嶙峋、裸著身體小女孩，氣息微弱的從荒涼的大地上朝一公里外的食品發放中心爬行。出於記者的直覺，他蹲下來拍照。正當此時，一隻禿鷹落在小女孩身後，等待女孩的死亡，以便大快朵頤。

卡特靜靜的在那兒等了二十分鐘，並選好角度，盡可能不讓那隻禿鷹受驚，待禿鷹展開翅膀。拍攝完畢後，卡特趕走了禿鷹，注視著小女孩繼續蹣跚的爬向目的地。接著，他放聲慟哭，嚷著想要擁抱自己的女兒。

這張照片於一九九三年三月二十六日刊登後。很快便傳遍各國媒體，瞬間吸引全世界注意蘇丹的大饑荒，甚至連各國政府都被逼出面，表態關心蘇丹的內戰。不過，更多人關心那個小女孩到底怎麼了？是生是死？有沒有受到照顧？成千上萬的人向刊登照片的《紐約時報》詢問她的生死安危，但是《紐約時報》和卡特也不知道她的下落。當大眾得知卡特竟沒有向她伸出援手時，大量的批評和輿論湧入，就連他的朋友也加入批判的行列。最後卡特受不了壓力，以一氧化碳自殺身亡，得年三十三歲。

但這一張照片，卻永遠成爲訴說人類悲慘故事的經典。

好的表達工具已然改變！

現階段所謂好的表演與表達，已經不同於以往，而是得要善用影像工具，努力將概念具象化，讓故事一步步誘導人心。

當我第一次看到美國前副總統高爾「不願面對的眞相」的演講時，深受震撼，不只是演講的內容動人心魄，高爾的表現更宛如一場聲光大秀。過去聽演講往往只能看到講者努力的比手畫腳，拚命講笑話，以吸引觀衆的注意力，但高爾手握著搖控器，動作不大，徐徐道來。他的背後，有一個大如一面牆的螢幕，隨著高爾演說的內容，螢幕立即出現相關的圖表與影像，適時準確的襯托著演講的內容，從頭到尾，演講毫無冷場，每一句話、每一則影像的輸出，都牢牢抓住聽眾的目光。

高爾以一九六八年「阿波羅十三號」在太空拍攝的地球照片作爲開端，螢幕上隨即出現這張名爲「地球升起」的經典照片，巨大美麗的藍色星球占據牆面最重要的位置，很難不吸引人們的注意。談到卡崔娜颶風，談到地球暖化，也隨即出現了卡崔娜風災的影片，以及解釋暖化與溫室效應的圖表。講演至此，已不再是單調的演說，而是一場深具娛樂效果的表演秀。

「不願面對的眞相」被製作成紀錄片，在二〇〇六年的日舞影展首映，接著於同年五月二十四日在美國紐約和洛杉磯上映。至同年九月六日爲止，此片累積票房爲二千三百萬美元（約新台幣七．五億元），至今在美國仍是票房成績第三高的紀錄片。同時獲得第七十九屆奧斯卡金像獎最佳紀錄片，由Melissa Etheridge演唱的主題曲〈I Need To Wake

Up〉獲得「最佳歌曲獎」。而高爾本人更得到二〇〇七年的諾貝爾和平獎。

高爾自從政以後，從來不是以口才便給、能言善道著稱。他的成就告訴我們，你要推銷一個概念，說好一個故事，光有偉大的目標是不夠的，光有深入的研究是不夠的，更要有好的表演，故事才能打動人心。現階段所謂好的表演與表達，已經不同於以往，而是得要善用影像工具，努力將概念具象化，讓故事一步步誘導人心。

「不願面對的眞相」的製作團隊負責人，南西．杜爾，整理了她如何把「不願面對的眞相」重新設計爲一則感動全球的視覺故事，以及如何將高爾與地球暖化議題的連結形象推送到全世界的做法，整理成「視覺溝通的法則」。她提出以下的概念：

．**製造難忘的戲劇化**：可以秀出簡單的道具或演示，讓人印象深刻。

．**用重複的小音樂助興**：小型又可重複的聲音，幫助人們記住「這一段」的背景，以及它和聲音之間的重要暗示。

．**令人回味的視覺效果**：圖片勝過千言萬語。一個引人注目的圖像可以成爲一個令人難忘的情感，連結到人們的腦中。

．**用故事召喚感情**：用故事包含訊息，人們會更難忘。在某些視覺簡報中，附加一個偉大的故事，這種偉大思路會使得簡報更動人！

．**令人震驚（但不只是死板呈現）的統計數字**：數字下的眞相有時很嚇人，經過好設計再呈現出來，它能帶領簡報觀衆「離開安全舒服的地方」，開始思考這場簡報對自己的意義！

根據南西．杜爾研究調查發現，有超過百分之八十六的高階主管表示，清楚的溝通會影響他們的事業和收入，但只有百分之二十五的主管階級會花超過兩小時準備非常重要的簡報與演說。因此，不是大家做不好一場演說，而是沒有方法而且不願投入時間去準備，表現當然不盡理想。

蘋果創辦人賈伯斯被喻爲本世紀最偉大的推銷員，每一次蘋果新產品上市時，只要透過賈伯斯的發表，馬上會成爲舉世焦點。但賈伯斯是天生的表演者嗎？他可能有天分，更重要的是他爲演說付出的心力，令人印象深刻。對重要的發表會，他會每天花數小時的時間，經過數週不斷反覆演練，甚至把自己每一場練習錄下來觀看、檢討、再練習。

根據媒體的報導，蘋果前主管麥克．伊凡吉李斯特，就曾爲了五分鐘的示範，在賈伯斯要求下，花了上百個小時準備。一九九九年，《時代雜誌》記者麥克．柯蘭茲曾在iMac上市彩排時採訪賈伯斯，當時賈伯斯正在排練，他要宣布：「向新iMac說哈囉。」同一時刻，幾部iMac從一道深色布幕後方滑出來。但賈伯斯對舞台燈光不滿意，要求亮一點、快一點，他說：「我們要一直排練，直到效果符合要求爲止。好嗎？」負責燈光的人員也只能一再嘗試。

柯蘭茲寫道：「工作人員終於做到賈伯斯的要求，五部 iMac 在完美的燈光下閃閃發亮，以滑動方式現身，並呈現在巨大的螢幕上。賈伯斯大喊：『噢！就是這樣！太棒了！』果然，已經十分精緻的蘋果電腦在燈光下更加奪目。賈伯斯又對了。」

賈伯斯在發表會上使用 iPad 時，大螢幕必須同步呈現 iPad 的內容，他看到的影像必須與現場觀眾在大螢幕上看到的一模一樣。他以極簡字句，在畫面上準確乾淨的呈現，所有的道具都必須無誤的出現在舞台上。他的演說必須是一場毫無瑕疵的表演，他站立的位置、燈光的投射，都要經過許多次排演，以求絲毫不差。

如果連有神一般魅力的賈伯斯都如此重視演講舞台的聲光表現，盡力透過影片、圖表與道具吸引人們目光，你覺得光靠自己的一張嘴，能吸引多少人注意呢？

你如何用影像鋪陳你的話

要講述他人完全不理解的事情，必須有一段的鋪陳，帶領人們了解講者要訴說的世界，否則結果就是雞同鴨講。鋪陳最簡單的方法，就是利用影片。

很多人喜歡「關鍵時刻」製作的軍事專題，不管是南北韓的對峙，或是中美東海與南海的爭霸，都有水平以上的收視反應。處理這樣的題材，我有一個簡單的原則：大量使用影片。

說故事有一個重要的前提是，讓觀眾進入你設定的特定時空，當讀者或是觀眾能夠在腦中建構一個你想訴說的場景，你想說的故事才能與觀眾產生共鳴。比如說，看金庸的小說，你要先建構一個武俠的世界，雖然不會打降龍十八掌，至少要能理解那是什麼；看《哈利波特》，你要想像霍格華茲魔法學校的氛圍，要有魔法帽、飛天掃帚；看《魔戒》不能沒有半獸人、軍團與古堡。同樣的，談到了軍事，就不能沒有飛機、戰艦與大炮。少了這些的想像，讀者不會進入作者設定的世界。

碰到別人說故事給我聽，我卻不甚理解時，我反應通常很直接：「聽不懂」。對方就會嚇一跳：「怎麼可能聽不懂？這是簡單的常識。」我會馬上再補一句：「聽不懂。」許多專家認爲稀鬆平常的事物，對他人來說，卻是無法理解、另一個世界的事情。因此要講述這些故事之前，必須有一段的鋪陳，帶領他人了解自己要訴說的世界，否則結果就是雞同鴨講。而鋪陳最簡單的方法，就是用影片與畫面。

比如很多軍事專家一張口就說：「美國要賣給韓國一個中隊的F-15。F-15能夠攜帶AIM-7麻雀導彈、AIM-9響尾蛇導彈、AIM-120先進中程空對空導彈。其中進氣道下方外側可以掛載AIM-7和AIM-120，機翼下的多功能掛架可以掛載AIM-9和AIM-120。而在右側進氣道外側還有一座M61A1火神機砲……」聽到這些，我說：「慢點，慢點，你在說什麼，我完全聽不懂。」這不是快慢的問題，而是這些武器對我來說就是火星文，完全莫宰羊。

如果軍事節目是這樣表達，大概沒有多少觀眾可以看得下去，這時候就要換一個做法，直接找AIM-7麻雀導彈的畫面，直接找AIM-120先進中程空對空導彈的影片，說故事的人還是可以說F-15能夠攜帶AIM-7麻雀導彈、AIM-9響尾蛇導彈，但畫面上出現的是這些飛彈的樣貌與發射的畫面。觀眾看了會想，喔這就是麻雀，這就是響尾蛇，節目結束後，我可能記不住什麼是麻雀飛彈，但我會有一個印象——F-15眞厲害。

談到俄製的蘇愷系列飛機，有一則中共出動四十架次的蘇愷27與蘇愷30接近釣魚台的新聞。按一般軍事專家的說法，一定是不斷強調這二種戰機的性能、製造的歷史，最後的結果就是觀衆全跑光。我不認爲有多少人眞的認眞想了解什麼是蘇愷27與蘇愷30，但如果你放一段影片，呈現蘇愷27能夠低速衝場、猛然抬頭，攻角達一一〇度，以機尾朝前的姿態前進，約一點五秒而後回到平飛狀態，幾乎沒有高度變化。此一動作酷似準備攻擊前的眼鏡蛇，被稱作「眼鏡蛇動作」，看了影片，一定會對蘇愷27留下極深刻印象，更不用說蘇愷30可以在空中後空翻。我不懂戰機，但看了這些影片就會讚嘆：「不簡單啊！」

說到這，你知道誰是全世界最會說軍事故事的人嗎？我的答案是美國國防部。美國國防部有一個專門配合好萊塢拍片的支援單位，不但自己拍很多軍事影片，更鼓勵並支持好萊塢拍軍教片。只要有叫座的軍事影片，如《悍衛戰士》，美國募兵數就會超出平常數成，美國龐大的軍費也要透過這些影片，告訴美國納稅人錢花到那裡，告訴美國公民美軍是積極強大的，以便繼續爭取更多的經費支援。

中國第一艘航空母艦「遼寧號」，也是中國大陸宣傳的大重點。從啓航、成軍、艦載機的試飛，都成爲國內頭條大事，都有專門的攝影人員提供各種角度的拍攝。讓我覺得最有趣的是中國的宣傳內容，他們拋出野戰部隊的操演影片，內容竟然有野外求生需大口嚼蟲或訓練時讓蟲子爬在臉上，或圍成一圈傳遞已經點燃的火藥。中國軍方竟用這些畫面告訴世人，自己的軍人不怕苦不怕死。更有意思的是，美國看到中國軍人吃蟲，竟然也跟著釋出美國軍人生飲蛇血的畫面。

不過，水可載舟亦可覆舟，影片使用得好，可以強化你想表述的故事，讓觀衆馬上理解主題，容易被你說服。但同樣的，影片也是最現實的證據，用得不好，不但不能達到目的，反而原形畢露。

舉個例子來說，受到韓戰的影響，舉世都十分畏懼北韓的軍事實力，所以只要北韓一吆喝，美國、南韓與日本就會馬上表現出「有話好說，大家坐下來談」的態度。可沒想到最近美國竟然完全不買帳，北韓越是張牙舞爪，越是窘態畢露。爲什麼呢？因爲當美國出動了B-52、B-2轟炸機，出動了「全球之鷹」，出動了核子潛艇，甚至出動了長程預警雷達等等現今最好的武器裝備，而北韓被迫回擊的影片，卻是軍犬出動咬南韓國防部長的肖像、出動肥肥胖胖的女兵扛著砲車、老骨董轟五轟炸機巡航之類的。

一邊是最現代、威力最大的戰鬥部隊，一邊卻是遠古的兵力。當北韓被逼到推出女人與狗來撐場面時，我先是嚇了一跳：「怎麼北韓沒有東西可以拿了嗎？」再進一步查，原來北韓在五〇年代的武器裝備的確遠勝於南韓，甚至優於日本，但北韓的武器，數十年來沒有進步，幾乎孤注一擲的把僅剩的少數資源，投注在核彈與導彈的研發。所以，他的飛機還停留在米格系列，戰車數量雖然遠勝南韓，但品質完全不能與南韓的新型坦克相比。北韓的虛張聲勢，完全暴露了自己的虛弱，也難怪歐巴馬要吃定金正恩。

善用道具幫助別人理解故事內容

道具幫助我們把事實說得很清楚，不用多說什麼，卻比千言萬語都更有說服力。

有一集「關鍵時刻」的話題是談扁家弊案，吳淑珍要辜仲諒帶一億元現金進官邸，當時的新聞巨細靡遺的描述辜仲諒怎麼送錢。辜仲諒第一次的捐款為二千萬元，這筆錢不重，辜是用四個水果禮盒，內裝一千元紙鈔送進官邸。五百萬一盒裝約五公斤、四盒共二十公斤。可是之後當吳淑珍比出一的手勢時，辜仲諒看了簡直頭皮發麻：這至少要二十個水果禮盒、重達一百公斤，怎麼能扛得動呢？

辜仲諒對吳淑珍說：「這怎麼扛？」

吳淑珍回：「你奈ㄟ這呢憨，人家都會用大卡的行李箱，有加輪子的。要有輪子的，用拉的啦！」

辜仲諒：「一億耶！因爲我曾看過一億，那個很多！」

吳淑珍又忍不住：「啊，你實在有夠憨，兩千塊的一張啦，沒路用！」

後來辜仲諒特別請幕僚去買了吳淑珍指定、有加輪子的名牌行李箱，果然可以將五萬張兩千元紙鈔放進去。這筆箱子裝的億元捐款，最後是由辜仲諒的妹婿陳俊哲開車，與辜仲諒合力將錢「拉」進扁家官邸。

這段新聞本身的敘述已十分鮮活，吳淑珍要錢居然是比手勢，一個手指頭就是一億元，不用在場都可以想像吳淑珍比錢的姿勢。錢要用水果禮盒與行李箱裝，聽起來也新鮮。但問題來了，我們錄影時，製作人眞的準備了水果禮盒與大皮箱，而且費了番工夫去打聽到的，還眞的是扁家用來裝錢的那個品牌。

當時連我看了都傻眼，問：「有必要搞得這麼誇張嗎？難不成等下講這段時也要扛著水果禮盒，拉著大皮箱走來走去？」製作人回答「是的」時，表情嚴肅，口氣絕決，毫無商量的餘地。第二天收視一翻兩瞪眼，當我們使用水果禮盒與大皮箱時，觀眾流入的人次最多，停留的時間也最長。

就像南西．杜爾所說，演說與簡報要製造難忘的戲劇化。它們可以是秀出簡單的道具或演示，讓人們看了印象深刻。若是透過文字、語言，讀者當然可以想像是怎樣的水果禮盒與大皮箱是政治人物拿來裝錢的，但想像畢竟還是模糊混亂的，所以我們多做一些工夫，多做一些打聽，找來近似的樣品時，就變成當天節目最有戲味的道具。觀眾一看到大皮箱就知道我們要說什麼，看到大皮箱接著會想像裡面裝滿二千元的大鈔是什麼景象，更不用說那些平常做為最好伴手禮的水果禮盒，裝滿了一億元現金時，是怎樣一齣不堪的官場現形記。

道具既然有用，當然就盡量用。慢慢的，「關鍵時刻」變成最會玩道具的節目了。而使用道具的極致，當然是在塑化劑風波那次。當時發生了食品商昱伸公司爲求降低成本，將會致癌的DEHP劑取代棕櫚油，引爆震驚全台的毒飲料風波。當時很多朋友告訴我：「寶傑，看了你們的示範，我不敢再吃那人工合成的飲料。」何止是觀衆，我自己在示範後都嚇壞了，一直到現在，我都不敢再喝市售的果汁飲料。

原來，一般純粹添加檸檬酸、葡萄柚汁的飲品看來仍是透明狀，業者爲了避免讓消費者誤以爲是清水，而決定讓產品更「有料」，通常會加入合法的起雲劑來乳化水質，讓飲品「清水變雞湯」，看來更扎實濃稠，也較均勻。這個食品業界公開的秘密，對一般消費者來說卻是「不能說的眞相」。

透過現場的實驗，原本清澈的水加了檸檬酸之後，味道就像檸檬汁，但口感對沒有用，賣相不對，消費者不會上當。這時候若再加上起雲劑，水質會變得濃稠，就和百分之百的原汁幾乎無二致了。所以，我們看到的、想像的與吃下肚子裡的東西，是有這麼大差別的！

如果清水眞的可以變雞湯，那其他的食品是否也都存在著我們不理解的秘密呢？

我們找來了大骨粉、茶精、檸檬酸、色素，請牛津大學的化學博士陳耀寬一一爲我們示範。結果我們發現，不只是檸檬汁，包括運動飲料、咖啡、柳橙汁、茶飲料，以及家庭主婦喜歡用的雞湯塊等我們平常喝的飲品中，可能完全沒有加入咖啡，沒有用茶葉泡過，沒有雞的雞湯，有的只是一堆化學原料的配方。

我們是在表演嗎？是的，我們是在表演。我們大量使用道具嗎？是的，我們大量使用道具，但透過這樣的示範，一步一步還原這些食品的製造過程，比我們費多少唇舌都有用。一滴起雲劑滴到清水中，馬上變得濃稠扎實，完全沒有咖啡的飲料中，透過味道調配，立刻就像罐裝咖啡。最令我驚訝的是茶飲料，沒有一滴的茶葉泡出的茶水，透過色素與茶香精，竟然跟市售某一個品牌的茶飲料幾乎一模一樣，原來我們喝的多數飲品，都是化學合成品。用這些道具，就能把事實呈現得很清楚，不用多說什麼，卻比什麼言語都更有說服力。

還記得小時候爸爸曾帶回一個壓力鍋，不僅可以做蛋糕、爆米花，還可以做布丁。原來是廠商拿到他的公司示範後，爸爸心動而買下的。廠商在現場以一個鍋子，快速製造各種不同的食物，香氣四溢，證明鍋子眞的好用，結果一堆人就掏錢購買了。那只鍋子帶給我跟爸爸許多的快樂時光，只是我們做出來的蛋糕比較像饅頭，總是硬硬的，沒有蛋糕應有的鬆軟。

我一直認爲在市場裡那些一面示範、一面促銷的推銷員，都是最棒的說話老師。

引述對話，讓你的表述更生動

對話基本上是二個人以上的一問一答，有了問答，人物的關係就會浮現。主角的情緒、人格特質甚至社會階層都可以呈現出來。所以，透過問答，往往不用再多加解釋，很多的答案就在裡面。

被稱爲全世界最會說故事的鬼才，暢銷小說家史蒂芬．金，在《史蒂芬．金談寫作》這本書中談到，小說是由三個部分組成：敘事、描述與對白。他在小說中大量使用對白，看他的小說就像在一旁聽他說話。

我以前常忽略對白的重要性，但年歲漸長，越來越需要說故事時，才發現對白的用處眞大。

史蒂芬．金是這樣強調對白的重要性：「你可以用很直接的方式敘述你的主角，但是你也可以透他說話的方式，更生動傳達這一件事，所謂好小說，有一項很重要的原則：『言傳不如意會。』」

小時候我們都讀過徐志摩的〈再別康橋〉，長大後才知道這首詩是為林徽因所寫。林徽因被稱為民國第一才女，嫁給國學大師梁啓超的兒子梁思成，由於她參與中共人民英雄紀念碑和中華人民共和國國徽的設計，因此她的名字在台灣有很長的一段時間是個禁忌。我們只知徐志摩與陸小曼轟轟烈烈的愛情故事，但徐志摩眞正愛的人卻是林徽因，徐志摩甚至為了趕去北京聽林徽因的演講，搭上了死亡班機。

不只是徐志摩，民初哲學家、創辦清華大學哲學系的金岳霖，也為林徽因終身不娶，甚至在老年時，只要看到林徽因的照片都會失神、感傷。他為林徽因寫的輓聯，「一身詩意千尋瀑，萬古人間四月天。」成為一時傳唱的佳句。

看著這些故事，我卻對林徽因何以有此魅力，一片茫然，直到讀了她與先生梁思成的對話，才深刻理解她的慧黠聰穎，知道她爲何能吸引徐志摩與金岳霖的愛慕。林徽因在婚前曾與徐志摩交往，最後卻選擇了梁思成。當時，梁思成問林徽因：「有一句話，我只問這一次，以後都不會再問。爲什麼是我？」林徽因答：「答案很長，我得用一生去回答你，準備好聽我了嗎？」有什麼描述比這更能反應林徽因的聰慧？

對話基本上是二個人以上的一問一答。有了問答，人物的關係就會浮現，主角的情緒、人格特質甚至社會階層都可以呈現出來。透過對話往往不用多加解釋，許多答案就在裡面。

過去讀史，我一直困惑慈禧何德何能，能夠以一介女子統治大清帝國，一直到我看了《向斯說慈禧》，書中引用了慈禧、慈安與曾國藩的一番對話，才有了清楚的圖像。這段對話也是我對慈禧能力與手腕最有深刻體會的一段故事：

慈禧太后緩慢的問：「曾帥辛苦了。你在江南，事都辦完了？」

曾：「辦完了。」

問：「兵勇都撤完了？」

答：「都撤完了。」

慈禧太后還是不放心，進一步問：「遣散幾多勇？」

答：「撤了兩萬人，留的尚有三萬。」

問：「哪裡人最多？」

答：「安徽人最多。湖南也有一些，不過只數千人，安徽人極多，上萬人。」

慈禧太后緩和一下語氣，輕聲問：「撤得可安靜？」

答：「安靜。」

慈禧太后喝一口茶，慢慢地問：「你出京多少年了？」

答：「回太后，臣出京，十七年了。」

問：「你帶兵多少年了？」

答：「從前總是帶兵，這兩年，蒙太后、皇上恩典，在江南做官。」

慈禧太后笑著問：「帶兵好？還是做官好？」

曾國藩緊張起來：「回太后，奴才為太后、皇上做事，鞠躬盡瘁，死而後已！」

慈安太后笑著問：「你這幾年，眞是辛苦了。」

曾國藩恭敬的回答：「謝太后。在外幾年，一事無成。一想起過去的事情，便無以自安。有始無終，反省自己，多覺內疚。」

慈安太后像女人話家常，隨口就問：「聽說你很講修身養性？」

曾國藩輕鬆起來：「回太后，儒家講修身、齊家、治國、平天下，微臣修身差得還遠。」

慈禧太后問：「曾國荃是你胞弟？」

答：「是臣胞弟。」

問：「你兄弟幾個？」

答：「微臣兄弟五個。有兩個死在軍營，曾蒙太后、皇上天恩。」

說完之後，曾國藩恭敬地跪伏叩頭。

慈安太后眼睛也紅了，抹了抹眼淚。

慈禧太后接著問：「你以前在京，直隸的事，自然知道？」

答：「直隸的事，臣也曉得一些。」

慈禧太后嚴肅的說：「直隸甚是空虛，就交給你了，你要好好練兵。」

曾國藩猶豫了一下，還是慢慢回說：「回太后，以微臣的才力，恐怕辦不好。」

慈禧太后沒說話，慈安太后說：「沒問題，你好好幹吧。」

曾國藩叩頭謝恩，恭敬地退著步，出宮。

曾國藩在這下才明白調動爲直隸總督的原因，原來是要他在北京練兵，可是最好的兵都在湖南，湖南的兵又對北方水土不服，在北京肯定練不出好兵。曾國藩想推辭卻又無法。

慈安與曾國藩只能閒話家常，對曾家兄弟戰死沙場還感動落淚。但慈禧卻是對湘軍裁軍，曾國藩是否肯聽命辦事，一句扣一句的緊咬不放，也難怪權力的天平倒向慈禧。

越能善用對話，越能凸顯你想表達的主題，也讓讀者更易吸收。

對白很重要，你可以用很直接的方式敘述你的主角，但是你也可以透他說話的方式，生動傳達這一件事，有一項很重要的原則：『言傳不如意會。』

有好的開始，你就成功一半

只有電視節目如此嗎？不，任何的內容物都在乎開場，包括你說的故事。

當台灣漁船「廣大興二十八號」遭菲律賓漁政船無情開槍射擊，六十五歲漁民洪石成命喪大海時，「關鍵時刻」邀請《全球防衛雜誌》的採訪主任施孝瑋到節目談台灣與菲國的軍力比較。事前順稿時，孝瑋提到台灣的軍力百分之百優於菲律賓，如果台菲開戰，台灣的空軍只要半小時就可以全殲菲國空軍，海軍不到二小時也可以擊垮菲國海軍。

「半小時？」聽到這個數字，我忍不住驚叫出來。沒想到孝瑋以他一貫沉靜的表情說：「半小時與二小時的計算，是加上了搜尋對方的軍機與船艦的時間，如果正面作戰，幾分鐘就解決了。」「我們有導彈，有遠距搜尋的能力，我們只要找到菲律賓的飛機與船艦，對方還沒看到我們就被擊沉了。」「如果我們是黃金獵犬，菲律賓頂多只是吉娃娃。」

聽完之後，我請孝瑋在發言時，先說出台灣的空軍只要半小時，海軍只要二小時就能取得空中與海上的控制權，再補上他自己身上發生的一個小故事。原來他曾詢問過菲國一個高級將領，如果台灣與菲國有一日開戰，那是什麼狀況？對方的回答是：「不敢想像。」至於台灣擁有哪些實質兵力、哪些船、哪些飛機，菲律賓擁有哪些船艦，則是放在後面陳述。果然，第二天多家媒體引用專家的看法時，特別強調孝瑋這段台菲的軍力比較，只要短短二小時，台灣的軍方就可以全殲菲國軍隊。

從進新聞系開始學習新聞寫作，學校就不斷教導倒金字塔的寫作模式，越重要越能吸引人的部分放前面。因為每天的新聞那麼多，沒有人有耐心讀完每一則新聞，如果標題不吸引人，讀者會直接跳過去，即使進入主文，如果第一段導言不能吸引注意，讀者多半也會離開文章。更不用說到了電子媒體與網路時代，資訊更多更雜，如果講了半天還沒有重點，我自己都不會多花一秒鐘。

電視的收視率是這樣計算，手握搖控器的觀眾，對某一個節目無法停留超過三分鐘，這個停留就不會計入收視率之中，因此如果我無法在三分鐘以內留住觀眾，就算觀眾進來，我的收視還是零，因此我更需要把好的、吸引人的內容盡量往前提。當觀眾被吸引，對題目有興趣之後，才會停留較長的時間吸收其他的資訊。所以我希望孝瑋早一點用最簡單的語言，最生動的形容來比較台菲的軍力，在最短時間吸引觀眾注意力，接下來才能最大範圍的繼續吸引觀眾。

只有電視節目如此嗎？不，任何內容物都在乎開場。

我喜歡從電影學說故事的方式。許多賣座的電影，開場都是極盡聲光效果，常常一開頭就是一段飛車追逐、一段精采的打鬥，不一定有劇情，不一定有前因後果，但看了之後不免血脈賁張，注意力完全被大銀幕吸引，這時電影再娓娓道來想要訴說的故事情節。○○七的電影最會使用這樣的方式，如《皇家夜總會》，一開場就是龐德首次殺人的鏡頭，無情又血腥，但無疑的很吸引人。到了《空降危機》，更是一開場就是龐德在火車上與人打鬥，甚至中槍墜入谷底，電影院裡充滿著陣陣驚呼，當然這樣的情緒就一直延續到結尾。

Google眼鏡的發表會，在一開場也是極盡噱頭與聲光效果。主辦單位安排表演者從飛機上戴著Google眼鏡一躍而下，再騎上腳踏車進入現場，其間表演者眼中的世界，透過眼鏡上的鏡頭，在大螢幕上巨細靡遺的呈現在世人面前，表達戴上Google眼鏡，就能即時錄下你所看到的任何影像。

從賣座電影到重要商品發表會都明示著一件事：開場越來越重要。

如果你不能在開場前二分鐘引起別人的注意，接下來你有再好的內容，再棒的故事，只要別人關閉了接收器，你的努力就變得枉然。

有一次傅鶴齡老師去美國參加一個研討會，回來帶了一個NASA炫目的新產品：一張好像密碼卡的卡片。這個卡片透過 iPad 鏡頭可以讀出NASA的太空設備，包括「好奇號」「伽利略衛星」等，而且還可以像動畫一般的移動，甚至「好奇號」的每一項設備都可以在 iPad 上移動。那一段本來是放在第三段陳述用的，但在一開場時就刻意介紹，雖然卡片和第一段完全沒有關係，但觀眾被吸引之後，開場的效果極好。

當然，如果只會使用聲光，使用刺激感官的影像，久了聽者也會疲乏。「關鍵時刻」做過很多的嘗試，只要碰到軍事的話題，我們會製作飛機、大炮與船艦的動畫，甚至有爆炸的效果。但這樣的開場，不可能天天使用，最多只能維持三天，而且效果會一天天遞減，所以每天都要想不同的爆點。有時要賣關子，有時要先直接切入主題，不管如何都是要吸引人，從收視上看很清楚，開場好壞決定收視的成敗。

我們曾有一次很成功賣關子的經驗，在《上帝的指紋》一書中，描述一五一三年，在人類還沒有發現南極大陸，人類的航海與繪測技術還不發達時，鄂圖曼土耳其帝國的著名航海家、海軍上將皮瑞·雷斯，竟然能畫出精準的南極古地圖！更不可思議的是，當時的南極還是冰封大地，就算皮瑞·雷斯能夠到達南極，又如何能測出冰下的地貌？按當時的記載，皮瑞·雷斯是根據過去留下的資料繪製而成。這就更神秘了，那代表這些地圖是遠在一五一三年之前就畫好的。到底是誰畫的？那個時代是哪個民族有能力進到南極繪製地圖？而且還是六千萬年前，南極冰封前的土地。

從一開始我們就把圖放在觸控螢幕上，一直強調事件的怪異，只提問題，卻不說破。當觀衆心中也出現很多問號，就會一直想知道答案，而一直守著你的故事不走。

傑出的藝術家模仿，偉大的藝術家剽竊

趙少康主持時手勢豐富，那句「新聞駭客，我抓得住你，你抓不住我」成為一時經典，我也東施效顰的用「攔截新聞，新聞解碼」做為開場，連揮手的姿態都師法他。這一個小小的動作對我的意義重大，彷彿是一句咒語，有加持的功能，這句話念順了，接下來的談話內容也就跟著掌握住了。

主持節目時，我會站著講話，走來走去。這個點子是偶然從查爾斯．史丹利牧師的佈道影片中學來的，他佈道時手持一本聖經，不時踱著方步，台下的聽衆只是專注認眞的聽他講道。

史丹利牧師的講話並不激昂，但條理分明；他的節奏不快，反而

讓你能耐心聽講；他的佈景簡單，毫不花俏。所以，他不時走來走去的身影，反而成爲一個吸引你注意的焦點，他的節奏不只在聲調，也在他的步伐中。後來查了資料，才知道史丹利牧師講道已長達五十五年，現在帶領著亞特蘭大第一浸信會。他的講道在全世界以五十多種語言直播中。

別擔心，我不是在鼓吹你信教，我自己也並不虔誠，但牧師無異是一個極爲重視說話技巧的行業。這世上有什麼工作比爭取別人百分之百的信任更爲困難？有什麼工作比說服別人相信一個看不見的形體，並且全心全意奉獻給祂更艱鉅？但牧師做到了！特別是一個可以被翻譯成五十多種語言的牧師，我深信一定更有值得學習的地方。

所以我花了點時間研究史丹利牧師。就像我們之前提過的一些說故事的原則，你能夠從他的言語中感受到他講故事前，自己已先被故事感動。他說：「我得先讓上帝把聖經的眞理在我生命中發生影響，否則我是無法誠實的告訴你如何接受聖經眞理，並讓眞理在你生命中產生影響。」他熟背經文，「你不斷看它並改動它……在講道時間到之前，我只需要瞥一下它。時間到的時候，我的體內已經充滿了它。」每一個故事都要清晰明白，他說：「確保你講的每件事情很清晰，這樣當你下結論時，聽衆會和你在一起。」就像我說的，「不能背故事，要用自己的話說」。

講述故事時，他在台上或靜或動，有時似乎在思考，有時刻意營造與觀衆的互動，讓聽講的人感受到「我在對著你講話」。他的移動讓舞台形成一個磁場，他的表情、他的身影、他的手勢，都成爲故事的一部分。如果只是靜靜的坐著，絕對產生不出這種微妙的吸引力。

不只是史丹利牧師，我注意到許多牧師都有戲劇化的表演。他們經常雙手十指相握，或是張開雙臂舉向天空，他們會做許多表情，甚至會自然而然的流下淚來。有些人動作誇張，他們講述故事，特別是在見證某些奇蹟時刻時，有如單口相聲般，一人分飾多角，某個程度就像是馬西屛在演繹便當文的故事情節，有著微妙的相似。

所以，我也開始拿著一堆資料，站起來走動，學習牧師用表情說故事。近來，有許多友台的主持人從椅子上站起來，也開始手上會拿著資料。現在應該知道師出哪裡了吧？

蘋果電腦的創辦人賈伯斯在接受訪問時，曾引用畢卡索的名言：「傑出的藝術家模仿，偉大的藝術家盜竊。」（Good artists copy, great artists steal.）即使聰明如賈伯斯，創意源源不絕的賈伯斯，都承認蘋果電腦有些點子來自他人。只是賈伯斯是偉大的藝術家，他並非原封不動的複製別人成功的經驗，而是徹底把別人的點子占爲己有，完全消化之後，轉化成自己創意的養分。

平凡如我，當然也免不了許多模仿的過程。還記得剛開始在週間下午四點主持「攔截新聞」時，我心裡極度茫然，連開場都不知要說什麼。怎麼辦呢？我想起最早參加而且參加次數最多的談話節目，是趙少康先生主持的「新聞駭客」。趙少康主持時手勢豐富，那句「新聞駭客，我抓得住你，你抓不住我」成爲一時經典，我也東施效顰的用「攔截新聞，新聞解碼」做爲開場，連揮手的姿態都師法他。這一個小小的動作對我的意義重大，彷彿是一句咒語，有加持功能。這句話念順了，接下來的談話內容也就掌握住了。「攔截新聞」是現場節目，如果出錯馬上播出去，想改都來不及，所以如果一開始的氣勢沒有做出來，後面就會兵敗如山倒。

台灣有許多人對媒體，特別是名嘴現象十分感冒，但事實上，美國名嘴現象之誇張，比起台灣有過之而無不及。老實說，我很不喜歡美國那些共和黨的名嘴，但還是從他們的身上學得了技巧。其中最著名的當屬格連．貝克（Glenn Beck），他在二〇一〇年八月二十八日在華盛頓林肯紀念堂號召舉行所謂「重振美國，恢復榮譽」大會，竟然吸引數十萬人參加。

貝克個人的風格在美國毀譽參半，但他之所以吸引人，在於他極懂得使用戲劇效果。有一次他大罵歐巴馬的赤字過高，竟然可以在地上畫一條紅線，然後走到另一個攝影棚，再登上裝置上升，拿著紅筆用力的往上標示，想強烈的凸顯美國的赤字已經破表。整個節目相當搶眼，引人入勝。

不管看不看得懂節目的內容，不管喜不喜歡節目的風格，透過現在的網路，我們都該盡量去了解別人在做什麼，以什麼方式呈現。尤其現在是個多媒體的時代，觀衆已經無法接受只是單一媒體內容的操作。有人形容現在電視的概念要像是電腦，同時要呈現文字、圖片、影片、動畫與表格等各種形態，才能吸引目光，並幫助觀衆了解。而要怎麼綜合運用自如，最快也是最好的辦法，就是看別人怎麼做。

速度要穩、咬字別牽絲

說話時，你對時間的感覺與聽話者的感覺是不同的。你可能自覺聲調正常，但事實上卻過於平淡，你覺得中間有一些明顯的停格，但他人卻察覺不出你想製造的時間空白。你覺得自己是在微笑，但觀衆看到的卻是一張撲克臉。

剛上節目的時候，我常不自覺的把話越說越快，一是急著想在腦袋還清楚時，趕快把話說完，免得忘了。二是擔心中間停頓，出現冷場，這樣就尷尬了。直到有一天，當我小小忘詞，節目中被迫停了一下。錄完後的我懊惱不已，覺得自己搞砸了今天的節目。但事後看著節目播出帶，咦？怎麼自己在錄影時，覺得停格好久好久的空白，在節目播出時並不覺得有拖延，反而有一種緩衝，讓人能咀嚼剛才談話的效果。

慢慢的，我才搞懂，當你在說話時，你對時間的感覺與聽者對時間的感覺是不同的。你可能自覺聲調正常，但事實上聽起來的聲音過於平淡；你覺得中間有一些明顯的停格，但觀衆卻察覺不到時間出現空白；你覺得自己是在微笑，但他人看到的卻是一張撲克臉。

因此說話時，你不只是要不斷感受說話的效果，更要抽身從聽者的角度回頭看。想要改變？最簡單的方式就是錄下來，不僅能清清楚楚看見自己的表現，想一想自己說話時的認知與實際呈現的差異：哪裡不一樣？爲什麼不一樣？這樣的不一樣要不要修正？當你的感知與鏡頭前的感知越接近，你的效果就越好。因爲你知自己在做什麼，不致於做蠢事。

看著鏡頭裡的自己，找出不對的點之後，還要再挑自己的毛病。這不是一件好受的事，但如果你想要進步，就必須這麼做。

這樣的修正方式，最常用在嚴苛的運動員訓練上。一個好的運動員一定要全程錄影，拍下每一個動作，再一步一步的修正。我的兒子參加小學游泳隊時，有許多的家長會幫忙拍下游泳的畫面，透過事後的檢討，讓小朋友知道自己的手勢對不對，腳踢得好不好。通常家長越投入，小朋友的成績越好。慚愧的是，我並非認眞的家長，所以小朋友的成績也就普普通通了。

反向觀察是要找問題。當你察覺自己實際的表現與自己的認知有落差時，接下來就是修正。修正表現的方式並非一蹴可及，你得一步一步來，就像洛克菲勒說的：「沒有一桿完成的高爾夫比賽，你需要一桿一桿地打下去，你每打出一桿的目的，就是離球洞越近越好，直到把球打進。」是的，我們只要確定一直往洞口的方向打就好，一步步接近，總會讓球進洞，但前提是你一定要知道洞在哪裡，也就是你修正的方向在哪裡，才不會越來越遠。

我自己經歷過的修正過程太多太多了。首先是我不敢看鏡頭，即使看著，眼神也不定，可能是下意識的想逃離。當你的眼神飄忽不定時，就難以產生說服力。我逃不了，避不開……好吧，既然吃了這行飯，那就練習死盯著鏡頭吧！從二十秒、五十秒、一分鐘、二分鐘，我忘了花了多少時間，至少是數月以上，我可以看鏡頭了！但接下來，在電視前我的眼神還是不太對，眼神偏低，不太像是對著人講話，且眼睛太小的我，如果不努力睜大一些就會表情無神，嗯，要找對位置，要張大眼睛，還要記得要有神……

搞定鏡頭的問題（其實只是讓問題獲得控制）後，接下來就是說話速度太快，好像有人在後面拿槍指著我，要我在最短時間內把話說完似的。我要靠一張嘴吃飯，如果別人聽不懂，那問題就嚴重了。

我曾嘗試著慢下來，但效果奇差。因爲我已習慣腦子思考跟嘴巴說話的同步，一慢下來，整個邏輯都會亂掉。我也曾經想放棄，甚至自己安慰自己，速度快是我的特色，沒有什麼不好吧？後來我終於找到一個方式：呼吸。讓說話配合呼吸，一察覺說話速度又快了，就會馬上調整讓說話的速度跟著呼吸走，讓呼吸變慢，呼吸慢了就不會急。只要不急，說話的速度就會跟著慢下來。這樣的方式是練習重量訓練時得到的靈感。重量訓練時，出力要吐氣，緩和要吸氣，用呼吸控制練習的節奏，拿到說話也適用。

接下來是咬字。許多人講話時好像嘴裡含滷蛋，話語全都混在一起，聽也聽不清。還記得高中時上音樂課，老師提到好的鋼琴家不管快慢，每一個音都是清楚、乾淨而且不拖泥帶水的彈出來，講話也應該是如此。不管快慢，每一個字都要清楚的彈出，字與字之間千萬不能「牽絲」。

這個道理我雖然懂，但知易行難。如果刻意分開每一個字，一字一字的吐出來，只會顯得做作好笑。有一位號稱是英語名師者的講話方式就是如此，爲了彰顯自己說話很清楚，好像每一個字都加重音。不知別人的感覺如何？我聽了之後，只想逃離現場。

在台灣，我覺得話講得最清楚的人，就是李艷秋，她的每一個字眞的是「彈」出來的，而且字與字之間非常清楚，絕對不「牽絲」。就連拿著手板，唸上一堆密密麻麻的文字與數據時，都能清清楚楚。這種功力少有人能企及，我觀察了她很久，只得出一個小小的結論：李艷秋的每一字吐得乾乾淨淨，卻不露痕跡，關鍵在於她是有節奏的：她每一個字都是輕重有序，不像某些人每個字的重量都一樣。有了節奏，說話就像唱歌一樣了。

美國的企管顧問柯文研究了許多成功者的案例，發現天賦占成功的比例微乎其微，所有的成功都得靠練習，而且是有意識的刻意練習。

這些練習不是拿了球桿上了球場胡亂揮桿就可以達成，得要有人從旁指導，針對自己的程度，找出定義精準的待改善項目，並且認眞實行。

我喜歡一句老話：日起有功。如果每天都往洞口的方向揮桿，一步步接近，總會讓球進洞。

想要修正自己的說話術？
最好的方法就是錄下來，挑自己毛病，
你就會發現自己和聽者的感受之間的差距。
這不是件好受的事，
但若想進步，必須如此。

留白：讓觀眾的情緒跟上你的節奏

說話時何時該停頓、何時該繼續？如果能刻意放慢說話速度，讓台下聽衆很清楚地聽到句子中的關鍵字，你的留白就能抓住大部分聽者的情緒。

美國前總統雷根與柯林頓與現任的歐巴馬，都被認爲是當代的演說高手，他們的演講都有一個特色：精準掌握節奏，讓聽者的情緒能夠隨著自己的聲調起伏。

曾經擔任雷根文膽的大衛．葛根，曾分析雷根的演說魅力。第一個要素就是細心準備。雷根的演說在表面上看來談笑風生，毫不費力，但事實上，每一句、每一個段落都是精雕而成。無論是雷根自己撰稿或幕僚操刀，他都會仔細讀稿、潤飾，在講稿上做記號，將他要特別強調或停頓的地方畫線標記，必要時還會找幕僚來實際演練。

雷根就像是一位作曲家，在演講前就完全掌握自己演講時應有的抑揚頓挫、高低起伏。當他要製造演講的高潮時，就會準備一個笑話、小故事或是激昂標語，讓聽衆投入、放鬆，並且吸收演說的內容。有時候整篇的演說只要記住一句話，一個精心設計的話梗就夠了。

雷根最著名的演說，要算是「推倒這面牆」（Tear Down This Wall）了。在一九八七年六月十二日柏林建城七百五十周年時，雷根在布蘭登堡門發表了政策演說，其中最著名的一句話，就是「Tear Down This Wall」。演說後，此標語傳遍世界，成爲讓冷戰結束最重要的一句口號。

雷根是如此鋪陳的：

「現在，蘇聯人或許在一定程度上，也開始意識到自由的重要性。我們常常聽到說莫斯科現在要開始實施新的改革、開放的政策了；一些政治犯已經得到釋放了，一些外國廣播也不再被干擾了，而且計畫經濟體制出現了鬆動、某些商業活動也被允許。所有這些，是否標誌著蘇維埃體制在開始徹底的改變？或者只是一些表面上的姿態，目的是要讓西方抱有不實際的幻想，以及在不改變實質的基礎上，進一步強化蘇維埃體制？

「蘇聯政府可以做出一個具體的表示，打消人們心中的這些問號，並且極大程度地推進和平和自由。

戈巴契夫總書記，假如你眞的追求和平，假若你眞的追尋爲蘇聯人民和東歐人民帶來繁榮，假使你眞的尋求開放，那麼，請你來這裡，來到布蘭登堡門來，戈巴契夫先生，打開這道門。戈巴契夫先生，戈巴契夫先生，推倒這面牆。」

世人對雷根或有不同的評價，但他消弭冷戰，促使蘇聯解體的成績，卻獲得世人一致的肯定。其中「推倒這面牆」，更成爲雷根最重要的功績象徵。

這樣的風格在柯林頓與歐巴馬身上都可以看到。像歐巴馬首次競選總統時，提出「Yes, we can change.」等訴求「改變」的口號，在重要的競選演說中，不斷的強調。特別是到了演說中後段，每一個段落都以「we can change」結尾，堆疊到最後，他不斷的與聽衆相互的呼應，歐巴馬起個頭「yes」，台下就回應「we can change」，整個場面有如大型的演唱會，台上台下彼此唱和，鏗鏘有力，簡單明瞭，整個演說像是波浪，一波波地將氣氛帶到最高潮。

而柯林頓在二〇一二年九月五日於民主黨全國代表大會的演說，收視率竟然勝過職業美式足球聯盟NFL的激烈比賽。根據尼爾森市調公司的數據，收看NFL紐約巨人與達拉斯牛仔對賽的人數爲爲二三九

○萬人；而柯林頓的演說竟有二五一○萬人收看。柯林頓的魅力可見一斑。

被稱爲「政治搖滾明星」的柯林頓，並非起初就有如此魅力。他擔任阿肯色州州長時，原本預計只有十五分鐘的演講，他卻整整超過了半小時，到了第三十二分鐘，他一說出：「最後的結論是……」台下的聽衆爆發如雷的掌聲。情況之尷尬，可見當時他演說技巧之貧弱。但在卸下總統後，他卻能以演講致富。美國《高速企業》雜誌歸納柯林頓演說的技巧爲：掌握節奏，善用輔助工具，並善於表演。

柯林頓很知道何時該停頓、何時該繼續：爲了強調某些句子，他甚至會刻意放慢說話的速度，好讓台下聽衆很清楚地聽到句子中的某些關鍵字。他非常懂得善用停頓的技巧，吸引聽衆的注意力。例如：「請大家聽我說。（停頓）沒有任何一位總統，（停頓）包括我，（停頓）包括在我之前的任何一位前任總統，（停頓）沒有人可以完全解決所有的問題……」短短的一段話，柯林頓便停頓了四次。

柯林頓演講時最常用的視覺輔助工具，是他的雙手。他的雙臂永遠是張開的，不僅展現出權威感，同時也讓人覺得可親。此外，為了吸引注意力，他時常會張開雙手手掌面向聽眾；而當他談到比較個人的話題時，通常會在胸前擺出雙手合掌的手勢。

雷根也是使用道具的高手。一九八四年，雷根在發表國情諮文時，就抱著一疊國稅局的條款，這一堆幾乎無法一手抬起的資料，讓人輕易理解稅制法規有多複雜，雷根為何要加以改革。

所以，偉大的演說，說到底就是一場偉大的表演。既然是表演，就要有情緒、有節奏，如此才能帶動聽者的情緒，到達講者想要達到的效果。

故事堆疊，豐富層次

我們想講好一個故事，不是把一個故事從頭努力拚命的說到底，而是要切出不同的小單元。這些小故事，有高有低，有快有慢，才能層次分明，吸引聽衆的注意力。

大學上新聞寫作課時，歐陽醇老師提過一個原則：一個好的人物故事是由許多小故事堆疊而成。這個道理我花了很長的時間才有一點點了解。想講好一個故事，不是把一個故事從頭努力拚命的說到底，而是要切出不同的小單元，有些要延伸，有時要回顧，一點一滴堆疊。這些小故事像是音符，有高有低，有快有慢，才能層次分明的吸引聽衆的注意力。

以菲律賓海岸巡邏隊殺害我漁民洪石成的新聞爲例，此事件引發了台灣與菲律賓的軍力孰優孰劣的討論。相互比較下，台灣無疑是以秋風掃落葉的強勢贏過菲律賓，但如果討論只鎖定在二國軍力的比較，故事就會顯得僵硬單薄，三言兩語就交代完畢。如果硬要拉長時間，就會陷入細節的討論，比如我們與菲律賓各擁有多少的飛機、軍艦與大炮，若要一一比較武器的性能，最後就會變成新武器大觀。

這個時候，就需要豐富的故事來包裝，強化事件的層次。如果台灣軍力很強，爲何很強？原來台灣得天獨厚的地理位置，從日本時代就被打造成「不沉的航空母艦」，建造成日本經略南洋的南進基地，而且台灣竟然是全亞洲機場密度最高的國家。到了蔣介石統治時，爲了反共復國，更是強化台灣各項軍備，一個小小的台灣，竟然擁有陸、海、空、特戰等各種軍種，甚至爲了反攻大陸，造就了全亞洲最精良的海軍陸戰隊。在全世界的評比中，台灣的海軍陸戰隊只輸給美國與俄國。再加上美國為了圍堵中國，也對台灣投注極大的軍力協助，造就了台灣獨一無二的軍事風格。台灣防疫能力在全世界數一數二，也跟日本侵略南洋，以及美國要前進亞洲有關。

當我在談台菲軍事的故事時，有現狀，有軍力統計，再包裝台灣過往的歷史故事，層次就慢慢拉開。有時激昂飽滿，有時舒緩低吟，讓聽者彷彿在欣賞一場波瀾壯闊的交響樂，也像是享用一頓有前菜、主菜與甜點，可以滿足味覺的大餐。

一個大的主題要包裝不同的小故事，難為的是這些不同的故事之間，必須要相互關聯但性質卻又必須有所區隔。在談外星人議題時，你不可能丟出美國的羅斯威爾事件之後，再談英國的藍道森事件，第三個故事再接俄國第一起的飛碟事件，這樣還沒談完觀眾就跑光了。在經濟學裡有一個邊際效應遞減的原則，當你口渴時，喝第一口水最解渴也最需要，但接著第二口水、第三口水的效益就會慢慢降低。說故事也一樣，第一次聽到的故事最新鮮，如果第二個、第三個都類似，就會越來越乏味。

另外，許多的連續劇在開演前都會加上一段前情提要，每天收看的人會覺得多此一舉，但問題是不是每個人每天都可以準時收看，如果不了解前面發展的狀況，很難進入戲劇鋪陳的故事。說話也是一樣，你熟悉的，並不代表其他人也相對熟悉，人對自己不熟悉的事物，往往會馬上產生排斥，所以在安排故事時，一定要從一般人最易理解的部分切入，等待氣氛醞釀充分之後，再慢慢深入。

這也就是爲何「關鍵時刻」如此重視開場。開場不但要吸引注意，留住觀衆，更重要的是開場往往是整段節目的前導，透過開場讓觀衆對今天的節目有一個概括性的了解，這樣接下來節目的安排才能由淺而深。因此安排一個故事，就像樂曲與戲劇，有開場的快板，接下來慢板的陳述，最後要設法設計一個橋段，讓故事到達一個高峰。不同的段落彼此獨立，但又要相互呼應，這是安排故事最困難的部分。

故事要有層次，要有堆疊的層次，最後的目的就是逐步創造戲劇性的高峰，創造一個即使節目結束之後，還會被津津樂道的話題。這很難，但故事的最高境界就是要讓人咀嚼再三，像雷根那一句「推倒這面牆」，或是林肯的「民有、民治、民享」。想創造這種讓人回味再三的橋段，最好的辦法，就是設計一個戲劇性的手法，以一個意想不到的段落，創造驚奇，也創造回憶。

我個人很喜歡的一個例子，是諾貝爾物理獎得主理查·費曼曾協助調查「挑戰者號」太空梭在升空時爆炸的災難。在一場電視公開的聽證會中，不發一語的費曼聽著委員會冗長的報告後，向大會要了一杯冰水，拿起一個橡皮筋，公開說：「我要冰一下這個橡皮筋。」接著他將橡皮筋丟進了冰水中，過了一會兒，他又把橡皮筋夾了出來，已經完全硬化的橡皮筋一扯就斷。沒人知道他想要做什麼，他卻接著說：「當它處於三十二度（華氏）時，這個特別的材質是沒有彈性的。這個因低溫而失去彈性的橡皮圈，就是整個失事事件的主要關鍵。」

全場一片嘩然，接著便爆出熱烈的掌聲。原來是太空梭中的一個○型橡皮墊圈，因升空時溫度過低而嚴重硬化，造成機內的推進劑密封性不足，因此高溫燃氣直接燒穿液態氫氣儲存槽外殼，點燃氫氣後，造成連環性爆炸。

前面冗長且不知所云的發言，剛好烘托出費曼的戲劇性效果。這是美國第一次現場連線太空梭升空，結果太空梭竟在升空七十三秒後，在世人面前爆炸，機上七名人員全部罹難。其中克麗斯塔·麥考利夫是太空教學計畫的第一名成員。她原本準備在太空中向學生授課，因此多學生也觀看了現場直播，並目睹爆炸的狀況，掀起巨大的反彈聲浪。這起意外對美國人衝擊極大，大家都急著要找答案，不料答案卻藏在一個冰過之後的橡皮筋裡，費曼也一舉成爲美國以及全世界最知名的人物。

俚語和小故事，讓聽話者牢牢記得你

俚語是老祖宗的智慧，善用俚語就是善用老祖宗的智慧，所以如果熟練俚語，就可以降低個人偏見的色彩。

我在大學時很喜歡聽演講。在政治風雲變幻莫測的八〇年代，引領風潮的街頭演講家一一出現。其中最能引起我共鳴、讓我血脈賁張且情緒隨之起伏的，就是李鴻禧教授，我也從他身上領略了台語演說之美。

李鴻禧以一介書生的姿態投入街頭，風塵僕僕的跑遍全省演說，他博古通今，語彙豐富，有別於其他講者不斷使用激昂的語調痛罵國民黨，李鴻禧妙用台灣諺語，亦莊亦諧，左砍右削的批評國民黨的執政，只要李鴻禧一上台，政見會立即爆發一陣歡呼，緊接著掌聲、笑聲，甚至幹譙聲不斷。

我還記得他罵國民黨到台灣是以「乞丐趕廟公」「横柴拿入灶」的姿態，侵吞台灣的資源，霸占台灣人的資產。說到國民黨的吃相，他說「有毛的吃到棕蓑，沒毛的吃到秤錘」（大小通吃，貪得無饜）。他批評國民黨自以為是與傲慢，說「人交陪的攏是劉備關公，阮交陪的攏是林投竹刺」（有諷刺他人攀權附貴的意思）。一句句用得經典又準確的台灣諺語，讓人聽了心裡既親切又服氣，等情緒到達最高潮時，身為知識份子，受人敬重的大學教授李鴻禧，會將左臂高舉，大喊一聲「幹」，台下的聽眾緊接著也會跟著喊「幹」，台上台下交相呼應。那個晚上透過那個字，鬱悶的情緒彷彿就能找到一個出口。

李鴻禧讓我領略到台語不只是市井的語言，台語可以典雅，可以粗魯，台語可以撩撥群衆的情緒，引爆民衆的共鳴。爾後我觀察過很久，在國語演講的場合，群衆往往趨於冷靜，好的國語講者當然也能與台下熱切互動，但國語的場子就是少了一股熱度。若想要營造共同感，要透過語言帶領著聽衆發洩情緒時，台語無疑是最親切最有效果的語言。

但要把台語說好，談何容易？只會說幾句台語沒有多大意義，那跟廟埕街頭的閒聊沒有差別。台語演說要動人，先要熟透台語諺語才行，因爲先人的智慧都潛藏在諺語裡，許多難以言傳的，透過三兩句的諺語，便輕易勾出聽衆心中的圖像。比如國語的「學如逆水行舟，不進則退。」台語則是「要好，龜爬壁，要壞，水崩山」。你想表達「趕盡殺絕」，台語的俚語講成「人掠厝拆，雞仔鴨仔掠個無半隻」。說一個人「成事不足，敗事有餘」，台語是「生雞蛋的無，放雞屎的有」。還記得前面提到，一個好的故事要有畫面感，台語的俚語就是一種充滿著畫面感的語言，而且那個畫面，總會令人不自覺的會心一笑。

現在要全程用台語演說，簡直強人所難。但如果能夠國台語夾雜，特別是熟背台語的諺語，時而夾雜在談話之中，可以讓語言更親切更豐富，更有畫面感。財經專家賴憲政（憲哥）就是這類的高手，他熟背詩詞，嫻熟台語俚語，說起話來隨時可以引經據典，隨時可以拋出生動的俚語，讓憲哥很快的受到觀衆的注意，自談話這塊領域脫穎而出。

許多人使用俚語時，不但不自然，有時還會給人咬文嚼字之感，但不要氣餒，沒有人能一步登天。剛開始被嘲笑一下沒有關係，熟能生巧，慢慢學別人怎麼使用諺語，只要你背的諺語夠多，只要你理解這些俚語的意義，久而久之就會帶出你個人的特色。許多人不敢用成語或是典故，被怕嘲笑，但如果只會害怕，就永遠不會成爲一個吸引人的說話高手。

善用俚語還有一個好處，可以跳脫個人的色彩。俚語是老祖宗的智慧，善用俚語就是善用老祖宗的智慧。透過俚語批評事物，可以降低個人偏見的色彩，顯現出的不是個人的批評，而是用老祖宗的語言來臧否，如此更有說服力。

除了用諺語之外，國外的政治人物最擅長使用小故事，而雷根無疑是其中的佼佼者，信手拈來就是一個接著一個的巧妙故事。他用故事說道理，他用故事恭維人，也用故事修理人。根據奧美集團的統計顯示，在一場演講後，一個小時內，人們忘掉一半內容；一天之內忘掉百分之八十的內容；一週後，百分之九十五的內容被忘掉，人們唯一記得的，只有演講時所舉的故事、例子，或親身經歷。人們會記得雷根，很大的原因是雷根留下了許多的故事，而這些故事深植人心。

雷根這種能力是天生的嗎？不，雷根的幕僚曾經回憶雷根花許多時間背誦故事，他在空閒時、搭飛機時，都在收集笑話與故事。他的寫作班子也會幫他準備笑話與故事，在雷根紀念圖書館中收藏了雷根的嘉言筆記本、雷根的小紙片裡，密密麻麻的寫著各種故事與典故。他利用空檔的時間背誦，久而久之，運用故事與笑話的能力就變成了本能，最後，他自己也變成了傳說。

說話也是要刻意練習的，而練習的一個基本功就是大量背誦語文、詩詞、諺語、電影對白。你吸納的越多，越能夠游刃有餘的吐出令人感動的語句出來。你的詞彙越豐富，你的語言才會越有魅力！

問問題：一個好奇，就會帶來好故事

自己得先充滿好奇心，不斷的問：為什麼？再去找出答案。這樣才能理解人們的困惑，理解人們想知道的是什麼。如果你對所有事都無感，怎麼能要求別人對你說的故事感興趣？

說故事，其實是「問問題」與「回答問題」的過程。太陽爲何東升西落？凡人爲何有生有死？爲什麼螞蟻走路要排隊？爲什麼北極的冰層逐漸融化？人從那裡來，又要到那裡去？一個接著一個的問題，發展出一個又一個的故事。如果你不會問問題，你沒有好奇心，那麼你肯定不會說故事。

管理學大師彼得．杜拉克曾說過：「做對的事，比把事情做對更重要。」意指你選對方向，比把事情做好重要。比如，當這個世界走向數位時代，照相機已經捨棄底片，這時如果還抱殘守缺，執著於底片的品質，你的底片品質再好，最後都只有走上關門大吉的道路。同樣的，你的故事是不是人們感興趣的題目？有沒有人想知道你提供的答案？如果不是，就算你再會表演，資料準備得再豐富，都不會有人想聽你說故事。

那麼，如何測知聽衆對題目有沒有興趣呢？我自己的經驗是，自己先要充滿好奇心，不斷的問：「爲什麼？」再去找出答案，這樣才能理解人們的困惑，理解人們想知道的是什麼，想得到的答案是什麼。如果你對所有事都無感，怎麼能要求別人對你說的故事感興趣？只有觸及人內心的困惑與渴望，才能勾起人求知的欲望，才能讓別人耐心的聽你說故事。

一個讓我在「關鍵時刻」深刻體會的例子是「氣候」。二〇〇五年南極的拉森B冰棚於一月三十一日開始崩解，崩解的面積在三十五天內共有三二五〇平方公里，大約台灣十分之一的面積，重達五億噸，平均厚度二二十公尺。另外一座命名爲B15G的巨大冰山，長五十公里，面積達七八八平方公里，自二〇〇〇年三月自南極羅斯冰棚剝離崩落後，漂流一千多公里，抵達澳洲的工作站。

巨大冰棚剝落崩解的畫面，透過電視的播出，只有怵目驚心。南極冰棚的崩落彷彿是老天爺對世界發出的警告，自此全世界不斷傳出氣候的災情，極端氣候的狀況越來越明顯。以台灣爲例，全年的總雨量雖然沒什麼變化，卻集中火力的下在某幾天！譬如二〇〇九年發生的莫拉克颱風，那一年只來這麼一個颱風，只下了一場大雨，就把一年份的雨量全部下完，無怪水災造成六八一人死亡，十八人失蹤，滅了小林村，活埋數百人，更成爲台灣的痛。

美國前總統小布希拒絕簽定京都議定書，不願降低排碳量，大自然反噬美國，一個接著一個的怪獸風暴侵襲美國，龍捲風失去控制，將一個接著一個的城鎮從地球上抹去。森林大火、沙塵暴、乾旱更是一重創美國，看著氣候的失控，加上馬雅二〇一二世界末日的預言，人們對環境生態越來越不安，也越來越關心，並憂心如果狀況不能處理，人類將無法躲過災難。

「關鍵時刻」是第一個大篇幅介紹氣候災變的節目，從冰棚崩落改變洋流溫度，到太平洋火環帶的躁動不安，北極的震盪導致中緯度氣候極寒。我們不斷的自問，人們在乎什麼？人們關心什麼？這些災難背後的成因是什麼？世界的大氣候正在進行怎樣的改變？我們根據自己不斷檢討出的困惑，找出一個接著一個的答案，說成一個接著一個的故事。從收視率的反應來看，即使有些氣候知識艱澀難懂，觀眾依舊求知若渴，但如果我們不好奇，不能去自己問問題，就不會有故事的形成。

到了二〇一二年十二月二十三日，馬雅預言的末日沒有發生，很奇妙的，這類題目便不再受到重視，可能是觀眾被餵飽了，反正天要下雨娘要嫁人，最終也只能被動接受這無可奈何。也或是人們覺得問題已經不在知道多少，而是做了多少。從台灣社會對核能電廠的反彈到了新高峰，也可看出環保問題已經迫切到不是坐而言，而是要起而行了。

在Makiyo與友寄隆輝毆打司機一案中，「關鍵時刻」一開始就判斷那不是一個簡單的乘客糾紛，因爲我們在討論這個題目時不斷的問，怎樣的攻擊才會造成司機那樣的重傷？牙齒被打落、肋骨被打斷，一般人肢體衝撞，有可能造成這麼嚴重的傷害嗎？我們請教醫生、武術教練甚至黑道大哥，都說那是要致人於死的打法。所以我才會在節目中說，這是往死裡打。也才會安排武術教練示範，怎樣的攻擊才會出現相對的傷害。

Makiyo表示因被襲胸才引起男友的憤怒，難免就有肢體衝突。我們也一直在問有可能嗎？Makiyo不是坐前座，司機怎麼去碰觸她？於是我們在節目中安排位置圖，甚至模擬示範彼此的距離方位。因爲我們對雙方的說法不斷的提出問題，也試著去找出答案，才能一步步還原眞相。

因此，每當要發展一個故事時，我最重要的工作之一就是問問題，如果股市大跌，原因是什麼？觀眾想不想知道？大家關心的點是什麼？這個時候觀眾需要的是了解眞相，還是發洩情緒？觀眾爲何要聽我們的故事？同樣的一個故事要發展到哪一個階段應該告一段落，別窮追猛打？必須保持這樣的警覺，才不會離人越來越遠。

我很感謝愛護「關鍵時刻」的支持者在臉書上的留言，總是能幫助我們理解觀眾在想什麼，有時我們走偏了，靠著觀眾的提醒才能重新調整。即使有些人用詞很激烈，對我們都是重要的資訊，幫助我們走在適當的軌道上。

像我們談論于美人事件時，留言正反都有，我們就走下去。「關鍵時刻」處理題目只有一個原則，只要是要大家關心的我們就談，但當我們的核心觀衆對「關鍵時刻」花了太大篇幅談論于美人的家務事強烈反彈時，我們就知道要收手了。即使這個題目很八卦，會有收視，但當我們不再碰觸，我們就已清醒的走回軌道上了。

你的故事是不是人們感興趣的題目？
如果沒有人想知道你的故事，
如果不是，就算你再會表演，資料準備得再豐富，
都不會有人想聽。

傾聽不是被動式

許多書籍談到「聽話的藝術」時，都強調不要搶話，要有同理心等等。但我認為，如果只是一味迎合別人的發言，你只能接收到對方要給你的訊息，而不是你想知道的資訊。

好的傾聽是主動的，是積極的，是透過聽的過程，獲取想知道的資訊，因此你必須先有耐心等待對方打開話匣子，願意敞開心房說話，然後透過問題，引導對方說出你想要的談話內容。

因爲工作的關係，我必須長時間仔細聆聽他人說話，才有機會拿到好新聞，才有題材可以書寫。主持節目時，我更需要全程專注的傾聽來賓的發言，才能適時的拋出話題，掌握節奏。許多書籍談到「聽話的藝術」時，都強調要有耐心，不要搶話，不要打斷別人的發言，要有同理心等等。但我的經驗不完全是這樣，耐心與專注只是基本條件，如果你只是一味迎合別人的發言，耐心的聽別人把事情講完，你只能接收到對方要給你的訊息，而不是你想知道的資訊。

許多人談到傾聽時都覺得「聽」是個被動的行爲，但我認爲好的傾聽是主動的，是積極的，是你透過聽的過程，獲取你想知道的資訊，因此你必須先要有耐心的等待對方打開話匣子，願意說話，接下來透過你的問題，引導對方說出你想要的談話內容。

做爲聆聽者，當然不可能一開始就咄咄逼人的指定講者說你想知道的內容，更不可以稍不滿意就打斷對方的發言，如果是這樣，談話還沒開始可能就不歡而散。所以，聽話的前期要懂得裝笨，你要讓自己顯得一無所知，才能讓講者盡情的揮灑。如果你還沒有發問就先長篇大論的顯得自己很有學問，那你要別人回答什麼呢？

美國前脫口秀主持人賴瑞金，被稱爲美國最會發問的主持人，訪問過從尼克森到歐巴馬等美國歷任總統，世界不管發生什麼大事，賴瑞金訪問秀一定可以在第一時間訪問到最重要的相關當事人。他怎麼辦到的？賴瑞金自己的解讀是：「裝笨」。他說：「我只會發問，問一些簡短、單純的問題，但簡單的問題，能問出驚人的答案。」他認爲不管是任何問題，只要超過三分鐘，就代表訪問者只是單純想要表現自己，而不是眞的要問問題。

他在《麥克風與吊帶——賴瑞金傳奇》這本自傳中提到一段與朋友的對話。賴瑞金的莫逆之交赫伯，過去常對他說：「你知道你成功的關鍵是什麼嗎？你成功的關鍵是因爲你笨。」而賴瑞金知道他朋友其實並沒有貶損他的意思，因爲赫伯說：「電視上的其他人全是萬事通，你不一樣。你笨，所以你對來賓說：『這我不懂，你解釋給我聽，幫助我理解。』你創造了一個真空，然後把它塡滿。」

在過去，名人上電視很稀有，只要能訪問到大牌的來賓，不管他說什麼，就會有觀衆圍繞在電視機前面，聆聽這難得的訪問。但現在媒體太發達了，再偉大的人物都得落入凡間，人們已經不能滿足於這些大人物說空話，而是更在乎他們說了什麼。以台灣而言，以前只要能夠專訪到總統，一定是同時段收視第一，但現在即便是總統的專訪，若不能說出令人感興趣的話題，觀衆也不會買帳。

所以裝笨、耐心、同理心，並且引導講者侃侃而談，就變成只是訪問與傾聽的基本動作，這些動作還是很重要，但不再是唯一重要的事。賴瑞金本人也因爲只會讓來賓說，無法挑戰來賓的發言，不能激盪更多火花，收視率下滑，不得不交出主持棒。

我們願意花時間傾聽，最終的目的還是希望透過傾聽的過程得到知識，得到有用的資訊，因此我才說「聽」不是被動的接收，而是要「主動攝取」，要做到主動出擊。而第一步，是要了解自己想要知道什麼？自己的困惑是什麼？這很像是學生時期念數學與理化，面對自己不懂的題目，想都沒想就去請教別人，結果對話就變成「是哪裡不懂？」「都不懂。」「那你理解了多少？」「不知道。」面對這樣的學生，老師應該會有不知從何教起，甚至不想教的感覺吧。但如果學生自己先下過工夫，解題解到某一個步驟時，無法理解為何這樣演算，或是不知如何演算，這時問題是明確的，教的人知道病徵，才能對症下藥。

同樣的，我們傾聽時如果先做過功課，對講者下過工夫，對聽的題目下過工夫，才能針對自己不解的部分再深入追問。自己想要的答案越明確，越能夠從傾聽之中，得到自己想要的訊息，這才是有價值的傾聽。而且一個有下過工夫的聆聽者，才能顯示對講者的尊重。

沃爾瑪超市的創辦人華頓，喜歡不時的出現在賣場各個角落，隨時與工作人員聊天，詢問工作的進行狀況：進貨、出貨與物流有沒有什麼問題？顧客的反應是什麼？接下來他就會去問各單位主管。由於他對每一個環節都十分熟悉，好的主管可在與華頓的問答中充分表現，這樣的對話才會讓部屬覺得自己的努力有被注意。如果老板只是走馬看花，問些不著邊際的內容，部屬一定會覺得自己的努力沒有意義。

許多人會覺得傾聽時要有禮貌，要很客氣。這些的態度當然是對的，但更重要的是誠實，你要適時的表達「聽得懂」還是「聽不懂」，並誠實表達你的感覺。一個講者如果願意說，那代表他願意與人分享，既然是願意與人分享，他當然是希望別人聽得懂他的談話，如果聆聽者基於禮貌，面對聽不懂的內容也一直點頭稱是，對話結束後，還是雞同鴨講沒有達成溝通目的。

在「關鍵時刻」的來賓之中，傅鶴齡老師所研究的「航太」，是相當艱深的學科，有趣的是，許多觀眾卻特別喜歡聽傅老師上課。不過，傅老師覺得某A的內容很簡單，但對我來說卻是不得其門而入，所以我常常很直白的跟傳老師說，我聽不懂。有一回，我連說好幾次聽不懂，說得傳老師都有點火氣：「聽不懂就不說了。」不過，老師後來還是嘗試透過畫面或是故事，說出個道理來。

《禮記》學記篇有一句話：「善待問者如扣鐘，扣之以小者則小鳴，扣之以大者則大鳴，待其從容，然後盡其聲。」想要從訪問與聽話中得到東西，有時不妨挑戰一下講者，下一次，你也會有更好的收穫。

裝笨、耐心、同理心，
並且引導講者侃侃而談，
只是訪問與傾聽的基本動作，
這些動作還是重要，
但不再是唯一重要的事。

吸引他人傾聽的關鍵：理解人心

理解人心是道，口若懸河是術，能夠感受一般人喜樂憂苦，才能夠感同身受，說出一般人想說，渴望說出的情感，特別是要使用一般人熟悉、習慣的語言，這時拋出的話題與講出的話語才會有影響力。別人願意聽你講話，你才講得下去。

二〇一二年的總統大選，宋楚瑜的角色充滿戲劇性。本來以爲是政壇過去式的宋楚瑜，在外界原本沒有注意的狀況下接受電視台的專訪，沒有想到創下極高的收視率。而收視率的曲線一直往上衝，代表轉進去聽到宋楚瑜的發言的觀衆，被他吸引一一被留了下來。緊接著電視台打鐵趁熱，接連安排數次專訪，收視不但沒有疲軟，反而一再創造高峰。這樣的現象一下子把宋楚瑜從冷灶燒成熱鍋，一個政壇的冷披薩，瞬間變成當紅炸子雞，甚至被認為是馬英九總統連任之路上最大的石頭。

但當宋楚瑜宣佈參選，宋楚瑜的熱度又戲劇化的由紅翻黑，原本的高收視一下子打回原點。同樣一個宋楚瑜，同樣的談話內容，出現截然不同的反應。高分貝批馬，以宋省長姿態直言不諱的宋楚瑜，受到人們的注意，願意停留下來聽聽看他說什麼，但轉換為總統候選人時，面前的群眾卻一一散去。為何同樣一個宋楚瑜，原本人們願意聽他說話可是一旦投入選舉，人氣卻瞬間潰散？

中國在文革的時候有一句話：「東風吹，戰鼓擂，現在誰也不怕誰。」在台灣，不只是誰也不怕誰，更是誰也不聽誰。台灣沒有意見領袖，連總統說的話都不見得有人聽。我認為最後一位具有影響力的意見領袖應該是李遠哲，但這些年來他的光芒消耗殆盡，台灣人現在已不需要也不相信任何人以導師的姿態來比手畫腳，告訴社會或個人未來要何去何從。台灣人要的是有人說出他們心中的感受、心中的想望，以此凝聚共識。

宋楚瑜選舉之前的談話之所以能引爆話題、吸引關注，就是他說出了人民心中的感受。馬英九前四年的施政讓許多人失望，但民進黨的批評流於陳腔濫調，吸引不了人們的注意，這個時候擁有豐富施政經驗的宋楚瑜，以他的從政資歷，先是批莫拉克風災的失職，再提公共建設的缺失，具體而微的講出人們心中的憤怒。當時最有趣的對比就是，馬英九與宋楚瑜同時接受電視專訪，結果馬英九的收視只有宋楚瑜的三分之一。

但人們對宋楚瑜的期待並不包括讓他從一個批評者變成競爭者。他說出了人們心中的不滿，卻沒有看到人們心中的期待。因此當他不顧一切要阻止馬英九連任，甚至阻絕兩岸好不容易恢復的交往、互動，人民馬上又離他而去。

所以口才好固然重要，但理解人心才是吸引大眾傾聽你說話的關鍵因素。理解人心是道，口若懸河是術，能夠感受一般人的喜樂憂苦，才能夠感同身受，說出一般人想說、渴望說出的情感。特別是要使用一般人熟悉、習慣的語言，這時拋出的話題與講出的話語才會有影響力。

在三一一日本東北大地震時，台灣有許多媒體極度吹捧日本面對救災的態度與能力。我記得有些文章被瘋狂轉寄，裡面提到了日本人對震災的態度，也提到ＮＨＫ示範了所謂媒體的高度自制與專業，還有關於ＮＨＫ冷靜而詳實提醒海嘯的正確訊息，即使記者的聲音有些顫抖，但是因爲事關重大，所以他們個個鎮定。文中還描寫了日本政府高層的效率，說「首相出面召開記者會，交代冷靜行動」。

文章裡抨擊了台灣媒體在處理災難或意外事故時，一直將鏡頭對準受難者或往生者的家屬，拍他們大哭或昏厥的畫面。文章也認爲，日本媒體絕對不會播出這種鏡頭，即使家屬願意受訪，畫面也不會出現臉孔，甚至在最後呼籲：「請台灣媒體那些讀了許多書、學位很高、薪水很高的老闆、主管，不要再逼迫記者去做這種缺德的事情了。」

我覺得奇怪的是，日本政府在處理三一一的作爲，連日本人自己都很不滿意，核電廠的事故、日本官方與東電的無能和失職，盡顯在世人眼前。日本媒體怠惰，無法及時反映災情；日本官方對災情掌握完全失控，災民在安置所無法得到良好的照顧，甚至災難過了一年，都還有難民住在臨時收容所。同樣的事情如果發生在台灣，早就被罵翻了，而這些連日本人都感到憤怒的救災成果、全世界無人肯定的救災績效，竟然在台灣受到高度肯定，而且瘋狂轉寄轉載。

這帶給我極大的衝擊，衝擊的不是文章本身，而是背後所代表的意義。有人形容世界上最愛日本的不是日本人而是台灣人，出現這樣的文章並不令人意外。但這樣完全背離事實，與救災狀況發展相反的文章，竟然在台灣大受歡迎，代表這篇文章說出許多了人心中想說的話，或是反映了許多人的共同情感。

我的腦中一面呈現日本政府束手無策，只能眼睜睜的看著反應爐一個接著一個爆炸，看著災區無力救援的畫面，另一面則是台灣人對日本人表現出感動莫名的情緒，與對台灣媒體的厭惡。面對這樣的情境，身為媒體人的我，只能更加戒慎恐懼。

捨去，才知道要放大什麼

說故事，你的腦中必須有一個清楚的圖像，你想表達什麼？你想說什麼？當概念清楚之後，接下來就是要考慮捨棄什麼？放大什麼？

在舉行動腦會議時，我常常提出一個問題：「你爲什麼要選這個故事？」除非製作單位能給我一個滿意的答案，否則故事立即被刪除。我需要故事沒錯，但我需要的是有意義、有關聯的故事，不是拿到菜籃裡的東西都是菜。

曾經有人問米開朗基羅如何雕刻出偉大的大衛像，他說：「大衛一直在大理石裡，我只是把不屬於他的部分拿掉。」當你說一個故事的時候，你也是在雕琢一項作品，心裡也該有一個大衛。你心中的大衛越清晰，你越了解什麼該留下，什麼該去除掉，你的故事就能夠說得越好。

米開朗基羅之前的藝術家雕刻或是描繪大衛時，多半是選大衛割下巨人哥利亞的頭，取得勝利的情景，但米開朗基羅雕刻的大衛像，卻是與哥利亞大戰前，大衛準備戰鬥的模樣。這時刻的大衛預備持石攻擊，他的肌肉飽滿健美，持石的右手血脈賁張，青筋暴露，充滿力量，手掌部分異常巨大，整個情境就凝結在備戰的那一刻。

這尊大衛像沒有持任何武器。沒有弓，沒有利劍，整個焦點都在大衛身上，但所強調的東西卻又是巨細靡遺。米開朗基羅精研肌膚、血管紋路及關節，大衛的每一塊肌肉都被細細的雕琢，呈現生命與力量，他的右手掌不合比例的巨大，凸顯「勝負的關鍵就在這隻手上」。米開朗基羅捨棄所有不必要的，卻又不厭其煩的雕塑甚至誇大他認爲重要的部分，成就了這一傳世巨作。

說故事某個程度亦是如此。你的腦中必須有一個清楚的圖像，你想表達什麼？你想說什麼？爲何你要這麼說？如果這些問題你自己都說不出一個所以然來，你如何能透過言語讓你的聽衆理解你要表達的概念？如果聽衆不能理解你想表達的想法，怎麼可能花時間聽你說話？當概念清楚之後，接下來就是要考慮捨棄什麼？放大什麼？

當美國宣佈要重返亞太，中國積極布局南海時，「關鍵時刻」的製作團隊感受到南海即將成爲兵家必爭之地，中國與南海周邊國家的衝突一定會越來越激烈。但南海問題這麼複雜，我們要怎麼切入，要怎麼說故事才能讓觀衆理解？我們第一個拋出的問題是，南海有多重要？爲何會變成兵家必爭之地？

我們先找出台灣曾經是經略南海最主要的國家，南海的太平島、中業島與敦謙沙洲，都是由台灣的軍艦發現而命名，而且實質占領過，後來中業島被菲律賓占領，敦謙沙洲被越南搶去。但經過討論，我們覺得這些故事固然有趣，卻無法回答爲什麼南海這麼重要，所以必須被刪除。

後來我們又找到中國與越南在南海有過血戰，中國最初在南海占領的島礁、赤瓜礁、永暑礁，都是從越南手上奪來。這幾場海戰的情節緊張，而且影響了南海的權力生態。但這個故事只是南海重要的「果」，還是不能解釋爲什麼南海重要，不能解釋爲何中國要冒著與中南半島國家衝突的風險，非要更改地圖，畫南海九段線，成立三沙市，甚至花巨大的資金在南海擴建軍事基地。所以，這個故事也要捨去。

一直到我們找到二次世界大戰，美國與日本在南海的血戰，理解日本最後敗亡與石油運油路線完全被美國切斷有關，才讓我們找出說明中國非要掌握這條生命線的最佳故事。

日本在二次大戰時，強烈依賴南洋的石油與糧食，才能有足夠的實力構築「太平洋圍牆」對付英美聯軍。但一九四三年起，日本從南洋經南海輸往日本的油輪一一被美國的潛艦擊沉，一九四四年輸入日本的石油不到一九四三年的一半。到了一九四五年，輸入日本的石油幾乎全被擊沉，沒有一滴石油可以進入日本。一位日本艦長回憶當時的狀況說：「我們都料定油輪駛離港口後不久就會遭擊沉，大家心裡都明白油輪到不了日本了。」而油輪被擊沉得最多的區域，就是南中國海。

中國大陸百分之八十的石油，其進口也是經由波斯灣、印度洋經麻六甲海峽，走南海回到中國，如果中國不能控制南海，不能突破麻六甲困境，一旦戰事發生，中國就會步上日本的後塵，油源無法進入中國。

石油無法輸入，會出現什麼狀況呢？這時就要不厭其煩的描述，表達出這個石油通路的重要性。日本因為石油短缺只能反攻為守，一九四四年六月的馬里亞納群島戰爭，日本艦隊就因為燃料太少未能出動，航空母艦上的飛機群也因為節省燃料而只直飛不繞飛。為此，日本付出極大的代價，美國人稱之為「馬里亞納活靶射擊賽」。日軍損失二七三架飛機，美國只損失二十九架。

因為油料不足，日本空軍的飛行訓練時數減為三十小時，是原本的一半，到了一九四五年，情況更惡化，訓練完全取消，飛行員只能跟著領隊向目標飛，多數人有去無回。甚至後來日本以松脂煉油，並做為航空用油，結果光是運輸任務就損失百分之四十的飛機。日本船隻到後期更不得不改採燃煤，喪失船艦的速度與彈性。

透過「日本因為運油路線被封鎖，導致戰爭後期只能挨打」的描述，層層切入，就能理解中國為何如此在意石油生命線？美國為何積極介入南海？儘管南海底下的石油與天然氣只是一張遠期支票，但只要這個路線掌握在別人手上，就等於是自己咽喉被架著一把刀，任誰都不能接受。

懂得何時不說話，比學說話更重要

話是兩面刃，能傷人更容易傷己。同樣一句話，不同的人、不同的時間，聽起來便有截然不同的感受。

寫這本書時剛好爆發于美人與夫婿王維倫的離婚風暴。于美人是台灣當紅的節目主持人，在台灣有機會上節目發言的娛樂與社會圈的名嘴都與于美人交好，由於是電視台的金雞母，所以出了什麼事，電視台也會刻意維護。果然，事件剛發生時，媒體上呈現的言論，明顯倒向于美人這一邊，發言的重點都圍繞著她的先生沒工作、不養家，于美人爲家庭勞累工作，身心俱疲。

但是事件的發展、輿論的走向卻隨著于美人的動作越來越多，反而對她越不利。我仔細的觀察網路留言的態度，第一天呈現三等份，各有不同立場的發言：三分之一支持她的先生，三分之一支持于美人，三分之一覺得討論這件事很無聊。但到了第二天，網路留言的態度急速轉向，幾乎九成以上攻擊于美人與幫于美人講話的名嘴，等到于美人在節目裡向先生喊話之後，你幾乎看不到任何支持于美人的聲音。于美人事件在奇摩新聞的留言動輒上千則，相較其他新聞超過十則留言就是熱門，可見民眾情緒有多激烈。

道理很簡單，台灣人無法忍受公然的強凌弱、眾暴寡。民眾看到的是，于美人是強者，她與她的朋友集結在電視前，拿起麥克風對著毫無招架之力的人不斷揮拳，更何況這個人還是于美人的枕邊人。于美人越是口才便給、唱作俱佳，她的朋友越是幫她說話，反彈越強烈。

話是兩面刃，能傷人更容易傷己。同樣一句話，不同的人、不同的時間，聽起來便有截然不同的感受。比如于美人在節目公開喊話：「只要你回來，你出十二萬，我也出十二萬，粗茶淡飯的日子我也願意跟著你過。」被寫成「于美人粗茶淡飯月需二十四萬，實際月花四十三萬，氣死上班族」的新聞，在奇摩上共有一千四百則以上的留言。對于美人來說，一個月二十四萬的開銷可能就要縮衣節食，是重大犧牲，但對一般人來說，二十四萬可能是好幾個月不吃不喝的薪水。如果一個人賺十二萬被視為吃軟飯，試問只能賺五萬、六萬的人要如何自處？于美人的溫情喊話反而讓話聽起來更刺耳。

于美人喜歡在節目上談自己的家務事，甚至奚落自己的公婆，過去被視為率眞，是幫女人說話。比如作菜時婆婆嘮叨一句，你公公不喜歡胡椒的味道，不要放胡椒，她就把鍋鏟交給婆婆，說：「那是妳先生，妳比較了解，妳煮。」以前會覺得這是玩笑話，現在聽起來卻覺得大不敬。一個原本是婆婆媽媽欣賞依賴的女強人，豬羊變色，變成可怕的驚世媳婦。這個時刻不論于美人說什麼，詮釋權都不在她的手上，但于美人還是一直說說說，直到社會壓力大到她不得不閉嘴。

整件事最令人不解的是，于美人長期在媒體工作，台灣很少人會比她更了解媒體生態，但她的表現卻好像完全不了解媒體，以爲掌握麥克風就掌握主導權，甚至把家務事攤在陽光下。殊不知，在台灣任何事只要上了媒體，受到公眾討論後，就不是任何人可以操控得了的。

她的家務事鬧上警局，人還沒有離開電子媒體就到了，不過來的不是警局跑線的記者，而是與于美人有私交的記者。接下來她舉行記者會，重現她母親的談話：「房租是我女兒付的，飯錢也是我女兒付的，所有生活費都是我女兒付的，我沒有吃你一口飯，我吃的是女兒的飯……」她的先生情何以堪？許多人以爲掌握麥克風就代表掌握權力，這是嚴重的錯覺，台灣的言論市場不但不是定於一尊，而且還相互牽制對立，一方想保護的，可能是另一方千方百計要摧毀的。更何況網路意見的影響力越來越大，那是民意最直接的反映，傳統媒體早已喪失意見引導者的角色。如果不能看清這一點，最後往往是自取其辱。在台灣連總統都不能說了就算，更不會有任何人可以主宰輿論的走向。

另外一個很有趣的例子，是旺中集團的老板蔡衍明。他是台灣擁有最多媒體的人，舉凡有線電視、無線電視、報紙、雜誌、網路他都擁有，但他卻覺得自己是全台灣最被誤解的人。只要有人傷害他的利益，整個旺中集團馬上變成蔡家的私人部隊，沒有上限沒有下限的全力攻擊，以致一個電視台可以從早到晚無止無盡的攻擊某個人，從立法委員、大學教授，甚至大學就讀學生。旺中集團擁有的談話節目，可以變成蔡衍明最直接的砲手，毫不掩飾的對敵人開火。

台灣媒體的形象再差，社會看待媒體的角色依舊是公器，是討論公共事務的，不應該也不可以淪爲私人打手，記者再怎麼自甘墮落，社會也無法容忍記者變成有筆如刀的幫兇。旺中集團毫無節制的火力四射，有讓社會怕他嗎？有讓蔡衍明既有錢又有好名聲嗎？沒有。導演王小棣一句「你好大，我好怕」的標語，徹底奚落了旺中集團，從旺中集團試圖買系統台、買壹傳媒卻處處碰壁，可以看出這社會對他的不信任。

以前我在中時集團服務時，從來沒有看到報老板余紀忠爲自己的事務在媒體上公開發言。我在中時晚報工作十四年，從來沒有接受一個指示要我修理老闆不喜歡的人。在一九九四年的省市長大選，與二〇〇〇年的總統大選，公司的政策是即使不能做到內容的平衡，也一定要做到各候選人版面大小的一致。余先生曾經是國民黨的中常委，中時集團被認爲偏藍，但余生先的告別式，擔任總統的陳水扁全程參與，藍綠政治人物、各界人士都給予極高的評價、備極哀榮。

會說話不只是嘴巴一直不停的說，就以爲什麼事都可以說服別人，學習在什麼時刻閉上嘴巴，可能更重要。

上台的身段，下台的背影

上台要身段，迅速站對位子，才能在最短時間抓住觀眾的目光，但下台時，則要有漂亮的身影，從背影展現身段、步法，襯顯出心情、氣概，留給觀眾美好的，不只是「繞樑三日」的聲腔餘音，還有那印象中不易消褪的風姿韻律。

前海基會董事長辜振甫大半生學戲、唱戲，以至於他對舞台的幕起、幕落，有很深的感觸，並悟出「上台的身段，下台的背影」的道理。他在《勁寒梅香：辜振甫人生紀實》中提到，第一次登台，尤其新人上路，一定要老師推出去，推出去了，就退不回來，只有往前走。此時難免慌張不自在，所以要盡量在最短時間，找到自己的位子穩住。

辜振甫說：「平劇演員很講究站的工夫，站在哪裡非常重要。站，不是隨隨便便的站，站，也得入戲，站對位子，才能入對戲，才能唱什麼像什麼，站錯了地方，戲就對不上了。」站好位子、站對位子，就穩住了。

表演如此，講故事何嘗不是這樣。許多人認爲故事就只是內容，就是情節的推移，但我的經驗是，如果只想寫一個故事，的確只要著重在故事內容的起承轉合就好，但如果要說一個故事，先站對地方，姿態站好，讓自己成爲視線的中心，道具、看板、螢幕都要在一個適切的相對位子，當你站穩了，故事才能順了。

當講者穩穩當當的立著，有著自信雍容的姿態，觀衆才會有「嗯，好了，現在你可以說你想表達的訊息」的心情，這樣故事才能順利的發展下去。

我曾看過一個統計，在各種溝通媒介中，表達效果所占比例分別爲：文字百分之七、聲音百分之三十八、肢體語言百分之五十五，可見講者姿態的重要性。

我喜歡看美國民主、共和兩黨的黨代表大會的壓軸演說，那是一個數萬人的大場合，兩黨都會推出最具魅力的講者。那時，全場焦點甚至電視焦點都在一個人的身上，看著這位講者如何從容的走上舞台，如何自在的與台下的民眾互動，如何站定位，如何在眾所期待下，發出第一個聲音。這是一門藝術。

在這樣的場合中，一個有魅力的講者眼神、手勢與姿態都是戲，講者不低頭看稿，才能不停的環顧每一邊的觀眾，讓參與者覺得「他是在跟我講話」，演說才能產生共鳴與互動。當講者比手畫腳的演說時，許多人以爲這些演說者都是把稿子背下來。但我所了解的是，他們也讀稿，但不是像台灣的政治人物一樣，只會低著頭念稿，他們在講者的兩旁各安排了不起眼、壓克力板製作的讀稿機，這些講者只要用眼角瞄一下就好。讀稿機是用來提示，以及確定重要數據之用。

美國前總統柯林頓就曾出過一個讀稿機意外。

一九九四年在他發表一個健保議題的重要演講中，讀稿機突然當機，一動也不動；幸好柯林頓充分發揮臨場機智及對議題的深入了解，在完全不露痕跡的情況下把演講說完。當柯林頓走到後台，幕僚們都嚇出了一身冷汗，但柯林頓只對幕僚說了一句：「下次別再這樣。」美國前總統雷根的紀念館，也特別擺放了他所使用的讀稿機。

上台要身段，迅速站對位子，才能在最短時間抓住觀眾的目光，但當下台時，則要有漂亮的身影。辜振甫說，下台也是戲，且常常是一段重要過程的高潮，主要工夫在背影和步法。平劇中的主要劇中人，很少會安排急迫匆忙的退場，退場也會有一個從從容容、不慌不忙的漂亮演出，該回顧時回顧，該前行時前行，從背影展現的身段、步法，襯顯出心情、氣概，留給觀衆美好的，不只是「繞樑三日」的聲腔餘音，還有那印象中不易消褪的風姿韻律。

所以下台不等於是任務完成，其中還要帶些回顧。辜振甫說，有回顧才有前瞻，他是這樣說的：「不回顧看得出前景嗎？」其中哲理深意，讓人沉吟再三。

最近有一個很好的例子，《鋼鐵人3》在全世界開出極佳的票房，其中最被人津津樂道的就是結尾的那一句話：「你可以拿掉我的裝備、科技以及所有的一切，但唯一無法拿走的是，我是鋼鐵人的事實。」這句話爲整部電影畫下了完美的句點，當我離開電影院之後，還一直回味這句台詞，繼而帶出一幕又一幕的電影畫面。這就是有個漂亮的背影與結尾的重要性！

上台要的是聚焦，下台要的是餘韻。有了聚焦，觀衆才會耐下心注意看表演的內容，有了餘韻，觀眾才會期待下一次的演出。

好的背影結尾談何容易，但如果有機會，我還是會努力的嘗試。我曾試圖在節目中總結來賓的談話，消化後用再我自己的語言說出。這個嘗試一開始並不討好，甚至有許多人批評我只是重複來賓的談話，「像八哥一樣的浪費時間」。甚至還有網路留言這樣說：「如果只是重複來賓講話，我也可以當主持人。」現在雖然還有很大的努力空間，但至少網路上類似的批評少了許多。這個工作並不容易，但我一直努力學習，把這個工作做好。

要做好故事的收尾，一段適切的音樂是不錯的選擇。比如在總統大選時，評斷政治人物的是是非非，有一集我們在結尾時放了一小段〈悲慘世界〉裡的歌曲大合唱「Do You Hear the People Sing」的歌詞，藉此反映人民對政治人物的憤怒。播出之後效果出乎想像的好，許多人看到我會對著我哼，我知道，他們被這個歌打動了。

下次當你要訴說一個故事的時候，不要急著收掉，可以先想好一首詩、一段話、一段歌曲，在結尾時當畫龍點睛的完美結局。你希望別人聽了你的故事之後，感受到什麼？吸收什麼？就用這個出發，印在觀眾的心裡。

Thank you!
Thanks!

後話

I don`t care

電影《絕命追殺令》裡有一幕場景：飾演醫生金波的哈里遜福特，被誣陷殺妻，展開逃亡。擔任聯邦司法官的湯米李瓊斯一路追趕，一直追到一個下水道的洞口，洞口外是懸崖，下面是水壩，哈里遜福特無路可逃，回過頭急著解釋自己的清白，但湯米李瓊斯只淡淡回了一句：「I don`t care.」對聯邦司法官而言，他的工作是逮捕嫌疑犯，至於有罪無罪，那是法官的事，有苦衷與冤屈去跟法官說。他對嫌疑犯沒有感情，沒有憎恨與同情，一切依法辦事，沒有妥協，沒有談判。

當然電影還是電影，最後在湯米李瓊斯的協助之下，眞相大白，哈里遜福特坐上警車後，湯米李瓊斯解開他的手銬，還遞給他一條冰毛巾擦手。電影最後一句對白，是哈里遜福特說：「我以爲你不在乎。」還給湯米李瓊斯一絲人性。

我很喜歡裡面的這句「I don't care.」。在專業的要求下，許多工作必須不帶私人感情，法官如此，警察如此，醫生如此，媒體人更是如此。我不一定做得到，但總是以此自許，不論當記者或是後來在電視前說故事，我盡量不去考慮對誰好對誰不好，我在乎的是，這件事値得關心嗎？讀者與觀衆有興趣嗎？至於說了之後有什麼結果，特別是選舉時有什麼影響，我盡量不去考慮，也不在乎。如果考慮太多，就會扭曲我的工作，而且許多人自以爲想要影響什麼，最後總是射船打到飛機，幫倒忙的機率往往高於幫到忙的機率。

我很幸運在台灣政治風起雲湧、百花齊放之時投身記者工作，又有幸採訪當時在野的民主進步黨，所以我有許多時間去思考，政治是什麼？權力是什麼？台灣是什麼？聽到這樣的字眼有沒有覺得恐怖起來，好像我要開始說教了，別擔心，我想說的是，那一段經歷帶給我最大的一個心得與堅持，就是「相信人民」。如果我們認為台灣是一個人民當家做主的國家，那就是由人民決定一切，如果由人民決定一切，那就只有相信人民，如果你不相信人民，那就是不相信台灣的制度，不相信台灣這一路走來追尋的理念。

有人覺得我很民粹，我不否認。我討厭從專家與菁英的角度去決定事情，專家與菁英的意見只是提供人民選擇的參考，重點不在於看法而是最後的選擇，這其間唯一要討論的是人民是否充分了解相關的資訊。所以我要做能做該做的，就是讓每次的訊息充分反映出來，把最後的決定權交給人民，至於訊息出去會影響那些個人，我盡量不去考慮。相信人民當然會有許多的盲點與缺失，但我們要回頭去相信少數的寡頭嗎？

菁英眞的會比群衆更有智慧嗎？我無意辯論，也不要辯論，我選擇相信。我的作爲就是建立在這樣信念上，相信人民，就像我的宗教信仰，就是相信有上帝，這是一個不必辯論也無從辯論的話題。

聽到我扯一堆相信人民的口號，你大概會想：「劉寶傑你在搞什麼？要選舉嗎？」並不是，而是當這個基準點清楚之後，你才能把你想說的故事說好，只有把你個人的意圖降到最低，你的敘述才會有公信力。當你相信人民會做出好的決定，你的立論最後是交給人民去判斷，不是意圖去影響些什麼，這樣的結果才是對大家、對自己最好的選擇。

如果你談論股市，卻把股民當笨蛋，意圖影響行情，最後被淘汰的就是你。只有你實事求是，看資料說話，才能可長可久。同樣的，如果你明明談政治，又當人民是笨蛋，老是以國師的姿態指點迷津，最後觀衆一定離你遠去。如果你不喜歡當笨蛋，那一般人也不喜歡當笨蛋，當人民覺得自己被當成笨蛋，這個時候就是水可以載舟，也可覆舟了。

我看多了台灣的言論界浮浮沉沉的歷史，多數人一開始都是以謙卑的姿態，強調自己相信民主，言行盡量不具個人利益色彩，但當收視提升，特定人物就開始膨脹自己，視自己爲國師，呼朋引伴，指點江山，甚至把政黨的未來視爲國家的未來與自己個人的未來，稍不如意就指東罵西，彷彿世人皆醉他獨醒。最後的結果就是，人民離他越來越遠。在台灣，沒有人的支持就什麼都不是。政治如此，商業亦然。

所以「關鍵時刻」在選擇題目時，有一個很重要的指標，是人民的氣。當我們覺得人民的氣形成之後，我們要做的就是讓這股氣出來，釋出這股氣讓當政者知道，讓這股氣轉化成力量，讓每一個個人都覺得自己是有力量的，是有人在表達他們的想法的。也只有當忠實的反應人們的心情時，你才會是一個有影響的節目。有一點一定要弄清楚的是，有影響的是節目、是人民，不是任何個人，當然包括我在內。

當了廿多年的記者，看透了權力人物的起起伏伏，以前一直想努力的打進權力的核心，理解權力人物的想法，但現在我已不在乎權力人物在想什麼。我永遠記得陳水扁在二〇〇四年連任之前對我說，如果台灣人民願意給他機會連任總統，他一定全力拚改革來報答台灣人民。我到今天都還記得他說這句話的表情，我甚至到今天都還相信他說這些話是眞誠的，但最後他仍是讓人失望了。所以我不再相信政治人物說什麼，而只在乎他們做什麼。

許多人問我，「你爲什麼不拍廣告？」

「我是個記者，記者有人在拍廣告嗎？」

「別鬧了，你不是記者了，你早就是個藝人！」

每次對話至此我就保持沉默，不知從何辯解。是的，許多人形容我言行誇張，有人說我把新聞綜藝化。對於外界的種種批評，我理解也接受，但我心中有一塊，很清楚的認知我是個記者。或許大多數人對記者這個工作不以爲然，或感覺無所謂。我多位好友放棄中時的高薪與職位，毅然去職，我的老大劉益宏（是的，我一直視他爲老大）爲了看不慣他的老朋友、旺中的董事長蔡衍明的行事風格，與之公開告別，不擔任任何職位。但只要身爲記者，內心一定是有一塊不能賣的，也因爲不賣，所以才可以快意江湖，說想說的事。因爲我說，我是個記者。

The Eurasian Publishing Group
圓神出版事業機構
用心與你對話．網野無限寬廣
如何出版社
Solutions Publishing

http://www.booklife.com.tw　inquiries@mail.eurasian.com.tw

Happy Learning 131

寶傑，你怎麼說——讓人一聽就入戲的關鍵說話術

作　　者／劉寶傑
發 行 人／簡志忠
出 版 者／如何出版社有限公司
地　　址／台北市南京東路四段50號6樓之1
電　　話／（02）2579-6600．2579-8800．2570-3939
傳　　真／（02）2579-0338．2577-3220．2570-3636
郵撥帳號／19423086　如何出版社有限公司
總 編 輯／陳秋月
主　　編／林欣儀
責任編輯／林欣儀
美術編輯／金益健
行銷企畫／吳幸芳．施伊姿
專案企劃／賴真真
印務統籌／林永潔
監　　印／高榮祥
校　　對／劉寶傑．尉遲佩文．林欣儀
排　　版／陳采淇
經 銷 商／叩應有限公司
法律顧問／圓神出版事業機構法律顧問　蕭雄淋律師
印　　刷／祥峯印刷廠
2013年10月　初版

定價 270 元　ISBN 978-986-136-369-1

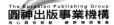

如果你要推銷一個概念、一個產品，與其說破嘴介紹，不如找一個故事。說好這個故事，就會產生相信的力量。相信之後，人們心中的那扇門才會打開。

——《寶傑，你怎麼說》

國家圖書館出版品預行編目資料

寶傑，你怎麼說：讓人一聽就入戲的關鍵說話術 / 劉寶傑 作.
-- 初版. -- 臺北市：如何，2013.10
216面；15×21公分. --（Happy learning；131）
ISBN 978-986-136-369-1（平裝）

1.說話藝術　2.口才

192.32　　102016950